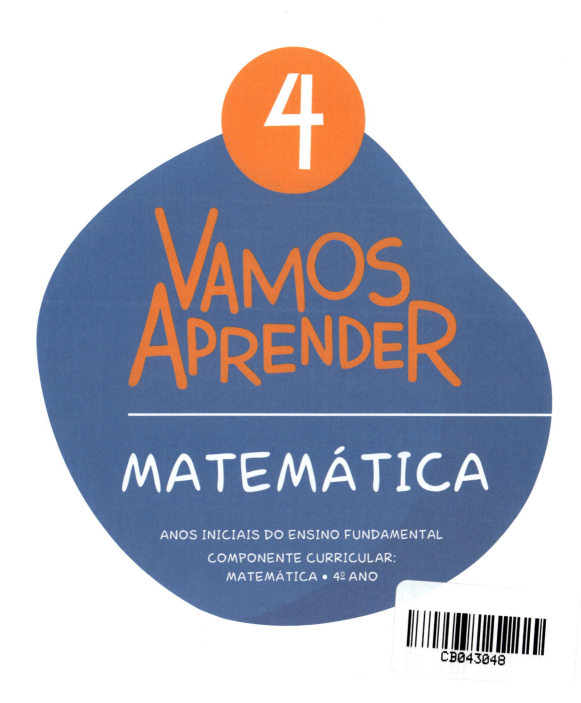

## MATEMÁTICA

ANOS INICIAIS DO ENSINO FUNDAMENTAL
COMPONENTE CURRICULAR:
MATEMÁTICA • 4º ANO

**Eduardo Chavante**

Licenciado em Matemática pela Pontifícia Universidade Católica do Paraná (PUC-PR).
Atua como professor da rede pública de Ensino Fundamental e Ensino Médio no estado do Paraná.
Autor de livros didáticos para o Ensino Fundamental.

**Jacqueline Garcia**

Licenciada em Matemática pela Universidade Estadual de Londrina (UEL-PR).
Especialista em Psicopedagogia pela UEL-PR.
Atuou como professora na rede particular em Educação Infantil, Ensino Fundamental e Ensino Médio no estado do Paraná.
Realiza palestras e assessorias para professores em escolas particulares.

São Paulo, 1ª edição, 2017

***Vamos aprender* Matemática 4**
© Edições SM Ltda.
**Todos os direitos reservados**

| | |
|---:|:---|
| **Direção editorial** | M. Esther Nejm |
| **Gerência editorial** | Cláudia Carvalho Neves |
| **Gerência de *design* e produção** | André Monteiro |
| **Coordenação de *design*** | Gilciane Munhoz |
| **Coordenação de arte** | Melissa Steiner Rocha Antunes, Ulisses Pires |
| **Coordenação de iconografia** | Josiane Laurentino |
| **Coordenação de preparação e revisão** | Cláudia Rodrigues do Espírito Santo |
| **Suporte editorial** | Alzira Bertholim Meana |
| **Produção editorial** | Scriba Soluções Editoriais |
| **Supervisão de produção** | Priscilla Cornelsen Rosa |
| **Edição** | Lucília Franco Lemos dos Santos, Daiane Gomes de Lima Carneiro |
| **Preparação de texto** | Viviane Teixeira Mendes |
| **Revisão** | Ana Paula Felippe, Clara Recht Diament |
| **Edição de arte** | Mary Vioto, Barbara Sarzi, Janaina Oliveira |
| **Pesquisa iconográfica** | André Silva Rodrigues, Soraya Pires Momi |
| **Tratamento de imagem** | José Vitor E. Costa |
| **Capa** | João Brito, Carla Almeida Freire |
| **Imagem de capa** | Fernando Volken Togni |
| **Projeto gráfico** | Marcela Pialarissi, Rogério C. Rocha |
| **Editoração eletrônica** | Renan Fonseca |
| **Fabricação** | Alexander Maeda |
| **Impressão** | Pifferprint |

*Em respeito ao meio ambiente, as folhas deste livro foram produzidas com fibras obtidas de árvores de florestas plantadas, com origem certificada.*

Dados Internacionais de Catalogação na Publicação (CIP)
(Câmara Brasileira do Livro, SP, Brasil)

Garcia, Jacqueline da Silva Ribeiro
   Vamos aprender matemática, 4º ano : ensino
fundamental, anos iniciais / Jacqueline da Silva
Ribeiro Garcia, Eduardo Rodrigues Chavante. –
1. ed. – São Paulo : Edições SM, 2017.

   Suplementado pelo manual do professor.
   Bibliografia.

   ISBN 978-85-418-2006-6 (aluno)
   ISBN 978-85-418-2007-3 (professor)

   1. Matemática (Ensino fundamental) I. Chavante,
Eduardo Rodrigues. II. Título.

17-11089                                CDD-372.7

Índices para catálogo sistemático:
1. Matemática : Ensino fundamental 372.7

1ª edição, 2017
2ª impressão, 2019

**Edições SM Ltda.**
Rua Tenente Lycurgo Lopes da Cruz, 55
Água Branca  05036-120  São Paulo  SP  Brasil
Tel. 11 2111-7400
edicoessm@grupo-sm.com
www.edicoessm.com.br

# APRESENTAÇÃO

Caro aluno, cara aluna,

Conhecer mais sobre nós mesmos e a nossa sociedade é muito importante para compreendermos e transformarmos o mundo em que vivemos.

Pensando nisso, criamos este livro para você, pois, sem um leitor, ele seria apenas um apanhado de letras, números e símbolos. Sabemos que em suas mãos ele se tornará uma poderosa ferramenta, capaz de ampliar esses conhecimentos.

Ao elaborar esta coleção, consideramos seu aprendizado e seu desenvolvimento dentro e fora da sala de aula. Assim, você terá a oportunidade de ler, escrever, pintar, desenhar, pesquisar, entrevistar, completar esquemas, relacionar informações, analisar imagens, fazer experiências e construções e jogar. Com tudo isso, você vai perceber que estudar é muito divertido!

Bom estudo!

# SUMÁRIO

## UNIDADE 1 — Os números ... 6
- O uso dos números ... 7
  - Pratique e aprenda ... 8
  - Matemática na prática ... 9
- Sistema de numeração decimal ... 10
  - Pratique e aprenda ... 11
- Os números e suas ordens ... 14
  - Pratique e aprenda ... 15
- Comparando números ... 17
  - Pratique e aprenda ... 18
- Arredondamento ... 20
  - Pratique e aprenda ... 20
  - Por dentro do tema
    - Gente da melhor idade ... 22

## UNIDADE 2 — Figuras geométricas espaciais ... 24
- Reconhecendo figuras geométricas espaciais ... 25
  - Pratique e aprenda ... 26
- Poliedros e não poliedros ... 27
  - Pratique e aprenda ... 28
- Prismas e pirâmides ... 31
  - Para fazer juntos! ... 32
  - Pratique e aprenda ... 33
  - Para fazer juntos! ... 36

## UNIDADE 3 — Adição e subtração ... 38
- Adição ... 39
  - Pratique e aprenda ... 41
- Propriedades da adição ... 44
  - Propriedade comutativa ... 44
  - Elemento neutro ... 44
  - Propriedade associativa ... 45
  - Pratique e aprenda ... 45
  - Para fazer juntos! ... 48
- Subtração ... 49
  - Pratique e aprenda ... 51
- Operações inversas ... 54
  - Pratique e aprenda ... 55
  - Divirta-se e aprenda
    - Dominó da subtração ... 58

## UNIDADE 4 — Tratamento da informação ... 60
- Tabelas e gráficos ... 61
  - Pratique e aprenda ... 63
  - Por dentro do tema
    - Motociclista protegido ... 64
  - Matemática na prática ... 71
  - Matemática na prática ... 72
- Noções de probabilidade ... 73
  - Pratique e aprenda ... 74

## UNIDADE 5 — Multiplicação ... 78
- Utilizando a multiplicação ... 79
  - Pratique e aprenda ... 80
- Multiplicação envolvendo números terminados em zero ... 84
  - Pratique e aprenda ... 85
- Algoritmo da multiplicação ... 87
  - Aprenda mais! ... 88
  - Pratique e aprenda ... 89
  - Para fazer juntos! ... 94
- Propriedades da multiplicação ... 95
  - Propriedade comutativa ... 95
  - Propriedade associativa ... 96
  - Elemento neutro ... 96
  - Propriedade distributiva ... 97
  - Pratique e aprenda ... 98
  - Divirta-se e aprenda
    - Lançamento multiplicativo ... 100

## UNIDADE 6 — Divisão ... 102
- Retomando a divisão ... 103
  - Pratique e aprenda ... 105
  - Divirta-se e aprenda
    - O resto que avança ... 109
- Algoritmo da divisão ... 110
  - Pratique e aprenda ... 111
- Operações inversas ... 123
  - Pratique e aprenda ... 123

## UNIDADE 7 — Medidas 1 ... 126
- Usando o centímetro e o milímetro para medir comprimentos ... 127
  - Pratique e aprenda ... 128

Usando o metro e o quilômetro
para medir comprimentos ............................ 130
   Pratique e aprenda ............................... 131
   Aprenda mais! ....................................... 131
   Por dentro do tema
     Trabalho formalizado ........................... 133
Estudando medidas de superfície ......... 136
   Área ........................................................ 136
   Pratique e aprenda ............................... 137
Usando o grama e o quilograma
para medir massas ....................................... 139
   Pratique e aprenda ............................... 140
Usando a tonelada e o miligrama
para medir massas ....................................... 144
   Pratique e aprenda ............................... 146

### UNIDADE 8 Frações ............................. 150
As frações em nosso dia a dia ................. 151
Frações de um inteiro ................................. 152
   Pratique e aprenda ............................... 153
   Aprenda mais! ....................................... 156
Fração de uma quantidade ....................... 158
   Pratique e aprenda ............................... 158
Comparação de frações ............................. 160
   Pratique e aprenda ............................... 160

### UNIDADE 9 Figuras geométricas planas ............................ 164
Figuras geométricas planas ..................... 165
   Segmentos de reta ............................... 165
   Pratique e aprenda ............................... 165
Polígonos ....................................................... 167
   Pratique e aprenda ............................... 169
   Matemática na prática ......................... 171
   Matemática na prática ......................... 172
Figuras simétricas ........................................ 173
   Pratique e aprenda ............................... 174
   Matemática na prática ......................... 175
Simétrica de uma figura ............................. 176
   Pratique e aprenda ............................... 177
   Matemática na prática ......................... 178
   Aprenda mais! ....................................... 178

### UNIDADE 10 Retas e ângulos ................. 180
Estudando retas ........................................... 181
   Pratique e aprenda ............................... 181
Estudando ângulos ..................................... 184
   Pratique e aprenda ............................... 185

   Matemática na prática ......................... 186
   Para fazer juntos! .................................. 190
Localização e caminhos ............................ 193
   Aprenda mais! ....................................... 193
   Pratique e aprenda ............................... 194

### UNIDADE 11 Números decimais ............................. 196
Os números com vírgula ........................... 197
   Pratique e aprenda ............................... 197
Números decimais e o sistema
de numeração decimal ............................... 202
   Pratique e aprenda ............................... 203
Adição com números decimais ............... 205
   Pratique e aprenda ............................... 207
Subtração com números decimais ......... 209
   Pratique e aprenda ............................... 210
   Para fazer juntos! .................................. 211
   Para fazer juntos! .................................. 213
   Por dentro do tema
     Mulheres conquistando
     a igualdade no esporte ....................... 214

### UNIDADE 12 Medidas 2 ........................... 216
Medidas de tempo ....................................... 217
As horas, os minutos e os segundos ...... 217
   Pratique e aprenda ............................... 218
   Divirta-se e aprenda
     Dominó das horas ............................... 224
Medidas de capacidade ............................ 225
O litro e o mililitro ....................................... 225
   Pratique e aprenda ............................... 226
Medidas de temperatura ........................... 229
   Pratique e aprenda ............................... 230
   Para fazer juntos! .................................. 231

**Tecnologia em sala de aula** ........ 234
**Bibliografia** .............................. 240
**Material para recorte** .................. 241

**CONHEÇA OS ÍCONES**

 Responda à atividade oralmente.   A atividade é desafiadora.

 Resolva no caderno.   Utilize a calculadora.

 Leia e interprete informações contidas em gráfico e tabela.   A atividade envolve ilusão de óptica.

 Efetue os cálculos mentalmente.   Realize estimativas ou aproximações.

# unidade 1
# Os números

Cena de uma mulher utilizando um interfone.

## Ponto de partida

1. Em sua opinião, o uso dos números no interfone facilita ou dificulta a localização das moradias de um condomínio?

2. Os algarismos das centenas, na foto, representam o andar de cada apartamento. De acordo com a cena, a pessoa pretende chamar um morador de qual andar?

# O uso dos números

Você já parou para pensar como os números estão presentes em situações do nosso dia a dia?

Eles podem ser utilizados para indicar quantidade, ordem, medida ou código.

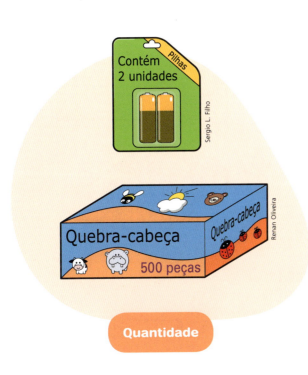

Quantidade

Ordem

Medida

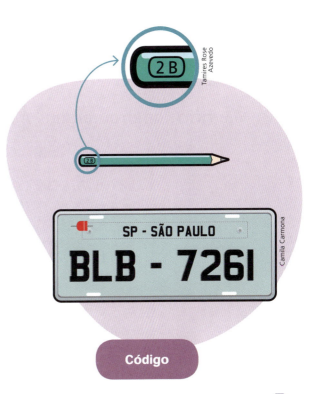

Código

# Pratique e aprenda

**1.** Existem muitos exemplos do uso dos números além dos que você viu na página anterior.

Imagens sem proporção entre si.

**A**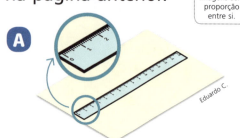

**C**

**B**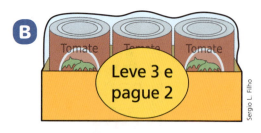

**D**

**a.** Em qual item os números estão indicando:

- quantidade? _____
- ordem? _____
- medida? _____
- código? _____

**b.** Em que outras situações do dia a dia aparecem números representando quantidade, medida, ordem ou código?

_____

_____

**2.** Maurício comprou alguns materiais para a reforma de sua casa.

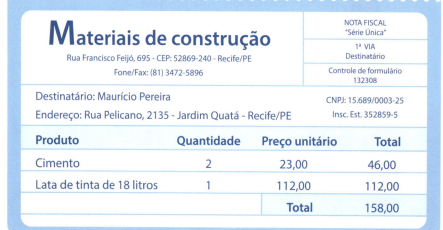

De acordo com a nota fiscal que Maurício recebeu, responda aos itens.

**a.** Aparece algum número que indica ordem? Se sim, qual é esse número?

_____

**b.** Escreva três números que representam código.

_____

**c.** O número 18 indica uma medida, uma ordem ou uma quantidade?

_____

**3.** Bruno pesquisou textos em que aparecem números em jornais e revistas.

> A atleta brasileira Marizete Moreira dos Santos conquistou o 4º lugar na 23ª Maratona Internacional de São Paulo.

> Vende-se apartamento de 3 quartos, localizado no 7º andar de prédio no centro de Belo Horizonte. Fone: 3583-5695.

Contorne os números que aparecem nesses anúncios.

**a.** Qual dos números contornados representa um código?

_____

**b.** O número 3, apresentado em um dos textos, indica medida, quantidade, ordem ou código?

_____

**c.** Escreva como se lê cada um dos números que indicam ordem.

_____

## Matemática na prática

Recorte, de jornais ou revistas, manchetes, textos ou anúncios em que apareçam números. Em seguida, contorne os números da mesma maneira que Bruno fez e cole os números em seu caderno.

# Sistema de numeração decimal

O **sistema de numeração decimal** é usado na maioria dos países do mundo, entre eles o Brasil. Ele recebe esse nome porque os elementos são agrupados de 10 em 10. Veja, no ábaco, o agrupamento de 10 unidades e sua troca por 1 dezena.

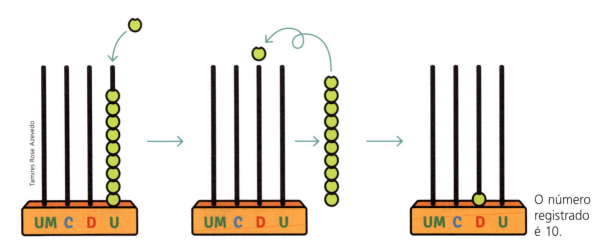

O número registrado é 10.

No sistema de numeração decimal, 10 unidades equivalem a 1 dezena, 10 dezenas equivalem a 1 centena e assim sucessivamente.

Os símbolos desse sistema de numeração recebem o nome de **algarismos**, em homenagem ao matemático árabe Mohammed al-Khowarizmi, que escreveu, por volta do ano 825, um livro chamado *Sobre a arte hindu de calcular*.

Os algarismos sofreram transformações ao longo da história até assumirem a forma que conhecemos atualmente. Veja o desenvolvimento da escrita dos algarismos desde o século 12 até nossos dias.

| Data | zero | um | dois | três | quatro | cinco | seis | sete | oito | nove |
|---|---|---|---|---|---|---|---|---|---|---|
| Século 12 | o | 1 | ? | ʒ | ℓ | Y | 6 | 7 | 8 | 9 |
| Século 13 | ∅ | 1 | 7 | 3 | ℓ | 4 | 6 | ∧ | 8 | 9 |
| Século 14 | o | 1 | Z | 3 | ℓ | 4 | 6 | 7 | 8 | 9 |
| Atual | 0 | 1 | 2 | 3 | 4 | 5 | 6 | 7 | 8 | 9 |

Georges Ifrah. *História universal dos algarismos*: a inteligência dos homens contada pelos números e pelo cálculo. Tradução de Alberto Muñoz; Ana Beatriz Katinsky. Rio de Janeiro: Nova Fronteira, 1997. 2 v.

# Pratique e aprenda

**1.** Veja como podemos representar alguns agrupamentos do sistema de numeração decimal.

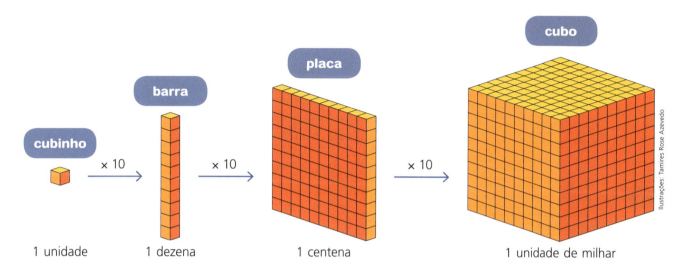

**a.** Quantos cubinhos são necessários para formar:

- uma barra? _____
- uma placa? _____

**b.** Quantas barras são necessárias para formar uma placa?

_____

**c.** São necessários quantos cubinhos para formar um cubo?

_____

**d.** Para formar um cubo são necessárias quantas:

- barras? _____
- placas? _____

**e.** Uma dezena equivale a quantas unidades?

_____

**f.** Uma centena equivale a quantas:

- dezenas? _____
- unidades? _____

**g.** Uma unidade de milhar equivale a quantas:

- unidades? _____
- dezenas? _____
- centenas? _____

**2.** Complete com o que falta de acordo com a quantidade representada em cada item.

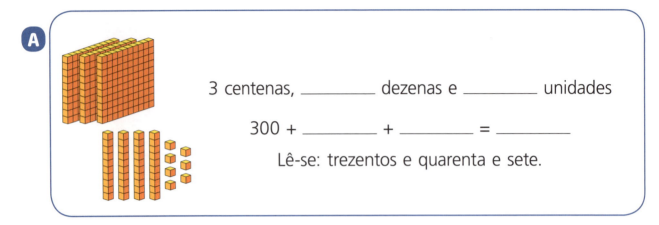

**A**

3 centenas, _____ dezenas e _____ unidades

300 + _____ + _____ = _____

Lê-se: trezentos e quarenta e sete.

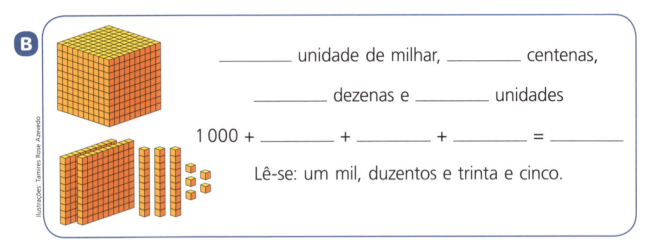

**B**

_____ unidade de milhar, _____ centenas, _____ dezenas e _____ unidades

1 000 + _____ + _____ + _____ = _____

Lê-se: um mil, duzentos e trinta e cinco.

**3.** Complete o quadro com as informações que estão faltando.

| Figuras | Decomposição | Número |
|---|---|---|
|  | 1 × 1 000 + _____ × 100 + + 2 × _____ + 4 × 1 | _____ |
|  | 3 × _____ + 3 × _____ + + _____ × 10 + 8 × 1 | _____ |

**4.** Decomponha os números apresentados no ábaco. Em seguida, escreva como se lê cada um deles.

**A**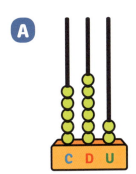

Decomposição: _____

Lê-se: _____

**B**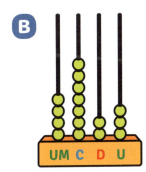

Decomposição: _____

_____

Lê-se: _____

**C**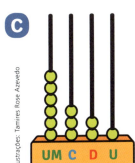

Decomposição: _____

_____

Lê-se: _____

**5.** Mauro recebeu de troco a cédula representada ao lado.

**a.** Quantos reais ele recebeu de troco?

_____

**b.** Escreva, em cada item, quantas moedas são necessárias para se obter o valor equivalente ao troco que Mauro recebeu.

*Imagens sem proporção entre si.*

**A**    **B**    **C**

_____   _____   _____

**c.** Em sua opinião, é importante conferir o troco que recebemos? Por quê?

# Os números e suas ordens

O município de Mata de São João, localizado no estado da Bahia, é um dos mais belos pontos turísticos da Região Nordeste.

Famoso por abrigar a chamada Praia do Forte, delimitada por dunas, coqueirais e piscinas naturais, esse município preserva construções históricas, como o Sítio Histórico que abriga o Castelo Garcia D'Ávila.

De acordo com o censo demográfico realizado pelo IBGE em 2010, o município de Mata de São João tinha uma população urbana de 29 825 pessoas e uma população rural de 10 358 pessoas.

Farol Garcia D'Ávila, na Praia do Forte, estado da Bahia, em 2015.

Podemos representar o número que indica a população urbana do município de Mata de São João no quadro de ordens.

> **Dica**
> DM: dezena de milhar.

A posição ocupada por um algarismo indica uma **ordem**. Geralmente, o **valor posicional** de um algarismo é indicado em unidades. O algarismo 8, por exemplo, ocupa a ordem das centenas e seu valor posicional é 800 no número 29 825.

**1.** Qual é o algarismo que ocupa a 5ª ordem nesse número? _____

**2.** Qual é o valor posicional do algarismo 9 nesse número? _____

# Pratique e aprenda

1. Veja a população da cidade turística de Barreirinhas, no estado do Maranhão, registrada no censo 2010. Depois, complete os itens.

Lençóis Maranhenses, no estado do Maranhão, em 2017.

O Parque Nacional dos Lençóis Maranhenses é roteiro indispensável do turista que visita a cidade de Barreirinhas.

| DM | UM | C | D | U |
|----|----|---|---|---|
| 5  | 4  | 9 | 3 | 0 |

→ 1ª ordem: 0 unidade

→ 2ª ordem: _____ dezenas ou _____ unidades

→ 3ª ordem: 9 centenas ou _____ unidades

→ 4ª ordem: _____ unidades de milhar ou 4 000 unidades

→ 5ª ordem: _____ dezenas de milhar ou _____ unidades

a. Nesse número, qual é o algarismo que ocupa a:

• 4ª ordem? _____   • 3ª ordem? _____   • 5ª ordem? _____

b. Qual é o valor posicional do algarismo:

• 4? _____   • 9? _____   • 3? _____

2. Escreva, usando algarismos, o número representado em cada ábaco.

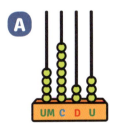 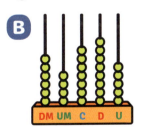 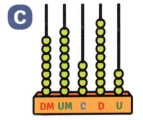 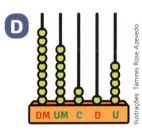

_____  _____  _____  _____

Agora, determine o valor posicional do algarismo 7 em cada um desses números.

_____

**3.** Utilizando os algarismos **1**, **3** e **7**, Maria escreveu seis números de três algarismos diferentes.

1 < 3 — 7 → 137
    7 — 3 → 173

3 < 1 — 7 → 317
    7 — 1 → 371

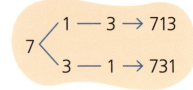

7 < 1 — 3 → 713
    3 — 1 → 731

**a.** Em quais números obtidos o algarismo 7 tem valor posicional 70?

_____

**b.** Qual é o valor posicional do algarismo 3 no maior número obtido? E o valor posicional do algarismo 1 nesse mesmo número?

_____

**c.** Escolha um dos números que Maria escreveu e indique o valor posicional de cada algarismo desse número.

_____

_____

**4.** Observe os algarismos representados nas fichas.

     9

Utilizando esses algarismos, escreva:

- três números de quatro algarismos diferentes em que o algarismo 5 tenha valor posicional 50.

_____

- três números de quatro algarismos diferentes em que o algarismo 9 tenha valor posicional 900.

_____

- três números de cinco algarismos diferentes em que o algarismo 3 tenha valor posicional 3 000.

_____

# Comparando números

A professora Eleonor propôs a seus alunos que comparassem os números **825** e **850**.

**1.** Como você faria para determinar qual número é maior?

Para responder a essa pergunta, Antônio pensou da seguinte maneira.

OS NÚMEROS 825 E 850 POSSUEM A **MESMA QUANTIDADE** DE ALGARISMOS E OS ALGARISMOS DAS **CENTENAS** SÃO IGUAIS.

ENTÃO, COMPARO OS ALGARISMOS DAS **DEZENAS**. COMO 2 É **MENOR** DO QUE 5, CONCLUO QUE 825 É **MENOR** DO QUE 850.

Portanto, 825 < 850.

**2.** Assim como Antônio, compare os números utilizando os símbolos < (menor), > (maior) ou = (igual).

- 243 ____ 195
- 732 ____ 733
- 3 432 ____ 3 421
- 52 450 ____ 52 245
- 9 704 ____ 95 804
- 7 890 ____ 789

Explique para seus colegas como você fez para comparar esses números.

## Pratique e aprenda

1. No ano 1906, em Paris, o brasileiro Alberto Santos Dumont realizou o primeiro voo de um avião a bordo do *14 Bis*. Com esse voo, Santos Dumont entrou para a história. Veja outros fatos históricos importantes como o voo do brasileiro Alberto Santos Dumont.

   **1883**
   A invenção da televisão pelo engenheiro alemão Paul Nipkow.

   **1969**
   A viagem dos astronautas Neil Armstrong, Michael Collins e Edwin Aldrin para a Lua, a bordo da astronave *Apolo 11*.

   **1879**
   A criação da lâmpada elétrica por Thomas Alva Edison.

   Agora, complete a linha do tempo com os anos dos fatos históricos apresentados.

   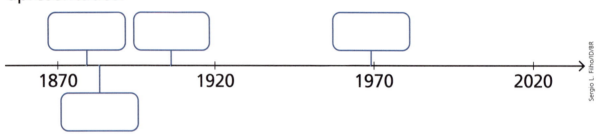

2. Escreva os números indicados nas fichas em ordem crescente.

   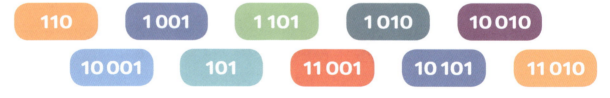

   _____

3. Utilizando os algarismos 0, 1, 3, 5, 6, 7 e 9, forme um número de quatro algarismos:

   • maior do que 8 000.

   • menor do que 6 350.

   _____

   _____

   • entre 7 000 e 7 500.

   • próximo de 9 799.

   _____

   _____

   Compare suas respostas com as de alguns colegas e diga a eles como você obteve os seus resultados.

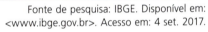 **4.** Observe na tabela a população estimada de alguns municípios do Acre, estado localizado na Região Norte do Brasil, em 2017.

| População de alguns municípios do Acre | |
|---|---|
| Município | População |
| Tarauacá | 40 024 |
| Sena Madureira | 43 139 |
| Cruzeiro do Sul | 82 622 |
| Porto Acre | 17 459 |
| Xapuri | 18 174 |
| Feijó | 32 360 |

Fonte de pesquisa: IBGE. Disponível em: <www.ibge.gov.br>. Acesso em: 4 set. 2017.

Embarcações na orla do rio Tarauacá, no Acre, em 2016. Além da pesca, o município de Tarauacá tem como principais atividades econômicas a pecuária, o extrativismo vegetal e a agricultura, na qual se destaca a produção de abacaxi.

**a.** Entre os municípios apresentados, qual é o mais populoso? E qual é o menos populoso?

_____

**b.** A população do município Sena Madureira é maior ou menor do que a população de Feijó?

_____

**c.** Escreva em ordem decrescente os números referentes à população de cada município.

_____

_____

**d.** Com a ajuda do professor, pesquise a população do município em que você mora. Depois, verifique se essa quantidade é igual, maior ou menor do que a população do município de Xapuri.

_____

# Arredondamento

Na página **14**, vimos que o município Mata de São João tinha cerca de 10 358 habitantes na zona rural, em 2010.

Pedro obteve a população rural aproximada desse município **arredondando** o número 10 358 para a **unidade de milhar mais próxima** e, em seguida, para a **centena mais próxima**.

O NÚMERO 10 358 ESTÁ MAIS PRÓXIMO DE 10 000 DO QUE DE 11 000.

O NÚMERO 10 358 ESTÁ MAIS PRÓXIMO DE 10 400 DO QUE DE 10 300.

| 10 000    10 358        11 000 |

Portanto, podemos dizer que a população da zona rural de Mata de São João é de aproximadamente 10 000 habitantes.

| 10 300      10 358     10 400 |

Assim, dizemos também que a população da zona rural de Mata de São João é de aproximadamente 10 400 habitantes.

• Faça como Pedro e arredonde os números a seguir para a unidade de milhar mais próxima e para a centena mais próxima.

**a.** 32 729

**b.** 56 297

**c.** 15 476

**d.** 77 802

# Pratique e aprenda

**1.** Clóvis obteve alguns arredondamentos para o número 12 328.

unidade de milhar mais próxima: 12 000
centena mais próxima: 12 300
dezena mais próxima: 12 330

Qual desses arredondamentos está mais próximo de 12 328? _____

**2.** Complete o quadro com os arredondamentos solicitados.

| Número | Arredondamento para a unidade de milhar mais próxima | Arredondamento para a centena mais próxima |
|---|---|---|
| 68 296 | | |
| 15 865 | | |
| 36 078 | | |

Agora, organize os arredondamentos obtidos em ordem decrescente.

_____

**3.** Roraima possui a menor população de todos os estados brasileiros. Veja, a seguir, algumas informações sobre a população de idosos desse estado.

| Pessoas com 60 anos de idade ou mais residentes em Roraima, por sexo | | |
|---|---|---|
| | Homens | Mulheres |
| Censo de 2010 | 10 887 | 9 800 |
| Projeção para 2030 | 31 589 | 32 245 |

Fonte de pesquisa: IBGE. Projeção da população. Disponível em: <https://www.ibge.gov.br/estatisticas-novoportal/sociais/populacao/9109-projecao-da-populacao.html?&t=resultados>. Acesso em: 21 dez. 2017.

**a.** Arredonde os números que representam a quantidade de homens e de mulheres idosos de Roraima para a unidade de milhar mais próxima e complete a tabela a seguir.

| Pessoas com 60 anos de idade ou mais residentes em Roraima, por sexo | | |
|---|---|---|
| | Homens | Mulheres |
| Censo de 2010 | | |
| Projeção para 2030 | | |

Fonte de pesquisa: IBGE. Projeção da população. Disponível em: <https://www.ibge.gov.br/estatisticas-novoportal/sociais/populacao/9109-projecao-da-populacao.html?&t=resultados>. Acesso em: 21 dez. 2017.

**b.** De acordo com os números que você arredondou, em 2010 havia mais homens ou mais mulheres entre os idosos de Roraima?

## Por dentro do tema

**Valorização do idoso**

### Gente da melhor idade

Você conhece alguém com mais de 60 anos? Uma pessoa com 60 anos ou mais é considerada idosa. Normalmente, um idoso tem diversas histórias, experiências e ensinamentos para passar adiante. Devemos respeitá-los e dar-lhes atenção.

Os idosos têm seus direitos garantidos por lei. Observe alguns direitos dos idosos.

- Ter uma família e se sentir protegido.
- Praticar esportes e divertir-se.
- Receber carinho.
- Obter descontos em eventos culturais.
- Ir com frequência ao médico e ao dentista para cuidar da saúde.
- Usar vagas exclusivas em estacionamentos.

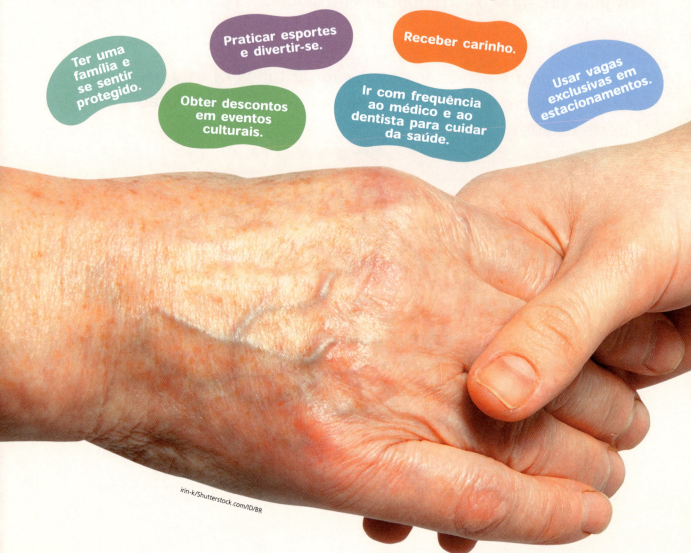

irin-k/Shutterstock.com/ID/BR

**A.** Além dos direitos citados, o que é importante para o bem-estar de um idoso, em sua opinião?

**B.** A projeção para 2030, na atividade da página anterior, indica que haverá um aumento maior de mulheres ou de homens idosos no estado de Roraima, de acordo com os números arredondados?

# Ponto de chegada

Nesta unidade, estudamos alguns usos dos números no dia a dia e exploramos algumas características do sistema de numeração decimal. Leia os itens e complete o que falta.

a. Podemos utilizar os números para indicar **quantidade**, **medida**, **ordem** ou **código**.

**VENDE-SE**

Apartamento no 5º andar com 3 dormitórios.

Localizado a 600 m do centro.

Tel.: (80) 3340-9001.

Vista da localização do apartamento à venda.

b. Estudamos o **valor posicional** de cada algarismo e as ordens de um número.

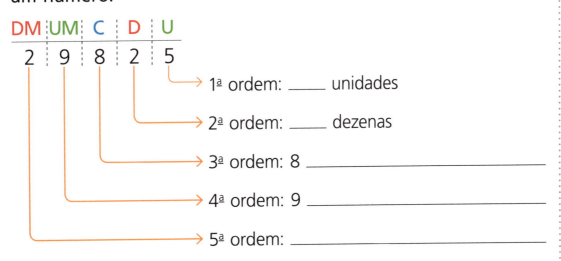

1ª ordem: _____ unidades

2ª ordem: _____ dezenas

3ª ordem: 8 _____

4ª ordem: 9 _____

5ª ordem: _____

c. Realizamos comparações de números.

10 240 > 9 240

_____ é **maior** do que _____.

25 705 < 27 507

_____ é **menor** do que _____.

d. Arredondamos números para a unidade de milhar, para a centena ou para a dezena mais próxima.

# unidade 2
# Figuras geométricas espaciais

Produção artística representando um castelo, nas areias das Ilhas Canárias, na Espanha, em 2013.

## Ponto de partida

1. Se você fosse construir uma maquete para representar o castelo da foto, qual seria o formato das peças usadas?

2. Além do cone, que outro formato você usaria para compor as torres do castelo?

# Reconhecendo figuras geométricas espaciais

A professora do 4º ano levou para a sala de aula alguns objetos.

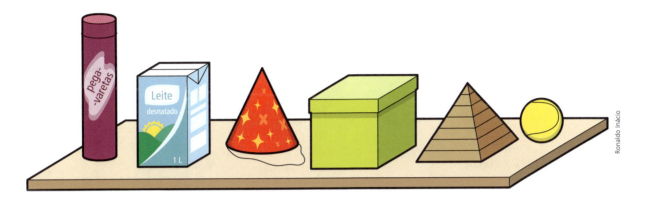

Esses objetos lembram figuras geométricas espaciais.

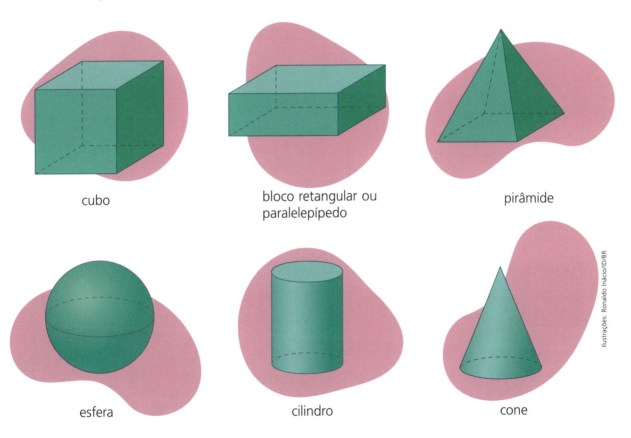

- Escreva o nome de outros objetos do seu dia a dia que lembram figuras geométricas espaciais.

_____

_____

# Pratique e aprenda

1. Cecília percebeu que alguns objetos de sua casa lembram algumas figuras geométricas espaciais. Escreva o nome dessas figuras.

Imagens sem proporção entre si.

A – bola de vôlei

C – caixa de papelão com tampa

E – brinquedo

_____      _____      _____

B – funil

D – embalagem de metal

F – enfeite de mesa

_____      _____      _____

2. Alguns artistas utilizam, em suas obras, peças que lembram figuras geométricas espaciais.

O escultor americano David Smith (1906-1965) criou uma variedade de esculturas usando peças com esses formatos. Na imagem ao lado, podemos observar uma de suas esculturas.

Quais são as figuras geométricas espaciais que você identifica nessa escultura?

_____

*Cubi 12*, esculpida em aço inoxidável no ano de 1963.

# Poliedros e não poliedros

Podemos classificar as figuras geométricas espaciais em **poliedros** ou **não poliedros**.

Exemplos de poliedros:

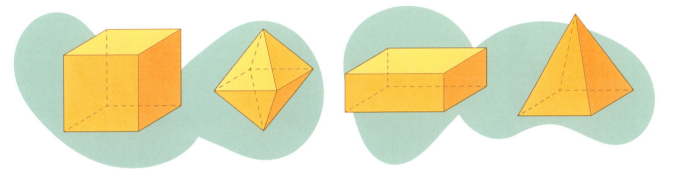

As figuras geométricas espaciais que têm toda a superfície formada apenas por partes planas são chamadas **poliedros**.

Exemplos de não poliedros:

As figuras geométricas espaciais que têm pelo menos uma parte da superfície não plana, ou seja, pelo menos uma parte é arredondada, são chamadas **não poliedros**.

- Contorne as embalagens de presente que lembram não poliedros.

# Pratique e aprenda

**1.** Classifique as figuras geométricas espaciais a seguir em poliedros ou não poliedros.

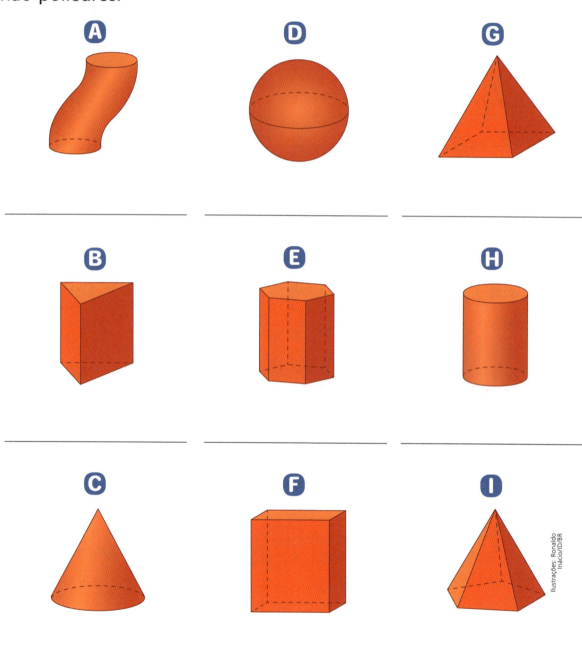

**2.** Desenhe em seu caderno quatro objetos que lembram figuras geométricas espaciais. Depois, peça a um colega que determine se esses objetos lembram poliedros ou se lembram não poliedros.

Verifiquem se as respostas dadas estão corretas.

**3.** A professora está segurando uma caixa cuja forma lembra um poliedro. Observe o desenho que ela fez na lousa e o que está dizendo.

**a.** O desenho que a professora fez representa qual poliedro?

_____

**b.** Quantas faces, arestas e vértices tem esse poliedro?

_____

**4.** Francisco montou um cubo a partir de seu molde.

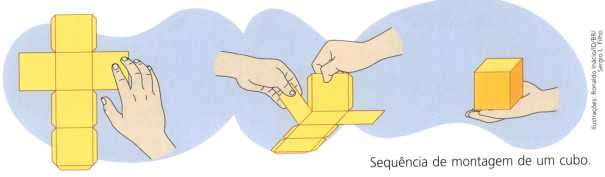

Sequência de montagem de um cubo.

**a.** Quantas faces tem o cubo? _____

**b.** Quantos vértices? _____

**c.** Quantas arestas? _____

**5.** Contorne apenas as planificações de poliedros.

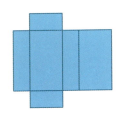 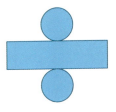 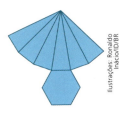

**Vinte e nove 29**

**6.** Ligue cada figura geométrica espacial ao quadro adequado.

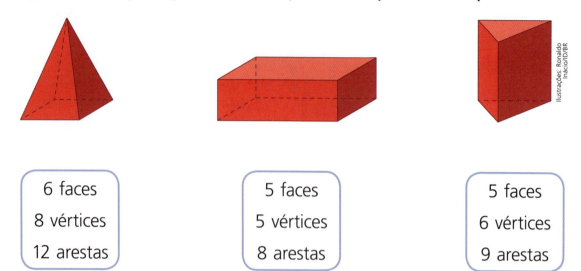

| 6 faces | 5 faces | 5 faces |
| 8 vértices | 5 vértices | 6 vértices |
| 12 arestas | 8 arestas | 9 arestas |

**7.** Marque com um **X** a figura geométrica espacial que possui 4 faces, 4 vértices e 6 arestas.

**8.** Ao montarmos o molde ao lado obtemos um poliedro. Marque com um **X** a ficha que apresenta a quantidade de faces, vértices e arestas desse poliedro.

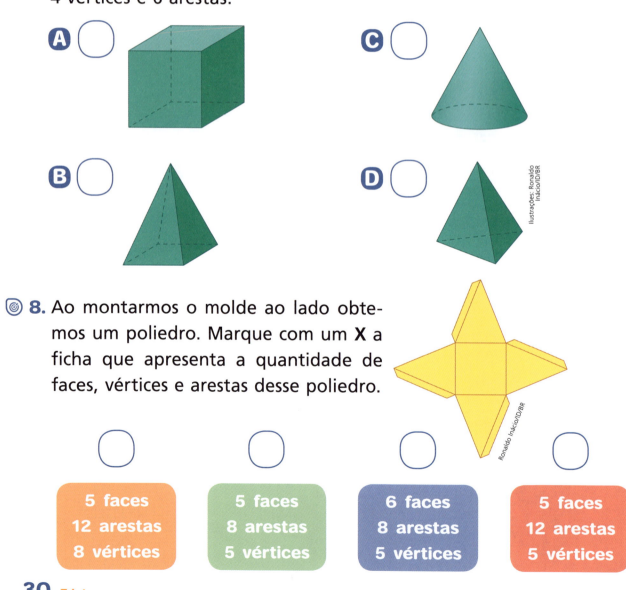

| 5 faces | 5 faces | 6 faces | 5 faces |
| 12 arestas | 8 arestas | 8 arestas | 12 arestas |
| 8 vértices | 5 vértices | 5 vértices | 5 vértices |

# Prismas e pirâmides

Entre todos os poliedros, existem dois tipos que vamos estudar neste tópico: os **prismas** e as **pirâmides**.

Veja alguns exemplos de prismas.

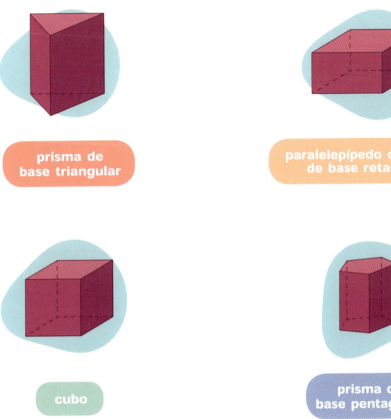

Os prismas possuem duas faces paralelas e congruentes chamadas **bases**. Essas bases podem ser triangulares, quadrangulares, pentagonais, etc. As demais faces são chamadas **faces laterais**.

Os prismas são classificados de acordo com a forma de suas bases. O prisma representado ao lado possui duas bases de forma pentagonal. Assim, esse prisma recebe o nome de **prisma de base pentagonal**.

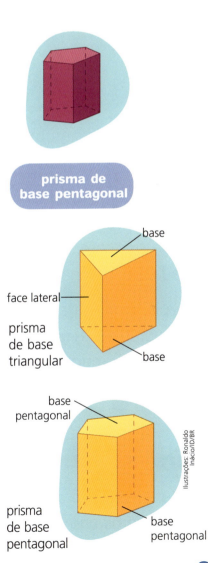

Veja alguns exemplos de pirâmides.

pirâmide de base quadrada

pirâmide de base pentagonal

pirâmide de base triangular

pirâmide de base hexagonal

Pirâmides são poliedros que possuem uma única base e todas as faces laterais são triangulares.

Assim como os prismas, as pirâmides também são classificadas de acordo com a forma de sua base, que pode ser triangular, quadrada, pentagonal, etc.

A pirâmide representada ao lado possui base quadrada. Assim, esta pirâmide recebe o nome de **pirâmide de base quadrada**.

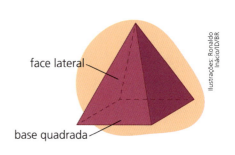
pirâmide de base quadrada

## Para fazer juntos!

Junte-se a um colega, observem e escrevam uma semelhança e uma diferença entre os prismas e as pirâmides.

## Pratique e aprenda

1. As figuras geométricas espaciais a seguir são classificadas como **poliedros**.

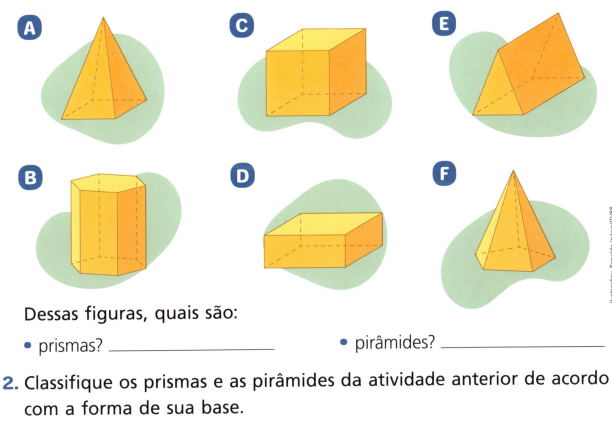

Dessas figuras, quais são:

- prismas? _____
- pirâmides? _____

2. Classifique os prismas e as pirâmides da atividade anterior de acordo com a forma de sua base.

_____

_____

_____

3. Complete o quadro com a quantidade de faces, arestas e vértices de cada um dos poliedros.

| Poliedro | Quantidade | | |
|---|---|---|---|
| | Faces | Arestas | Vértices |
| Pirâmide de base triangular | | | |
| Prisma de base pentagonal | | | |
| Pirâmide de base hexagonal | | | |

**4.** Observe as figuras geométricas espaciais e responda aos itens.

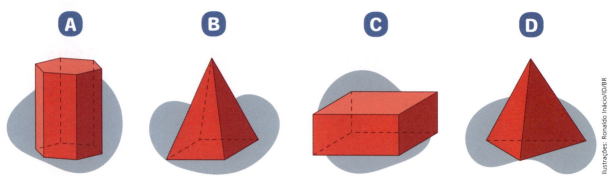

**a.** Qual é a quantidade de faces de cada uma dessas figuras geométricas espaciais?

_____

**b.** Quantos vértices possui:
- a pirâmide de base quadrada? _____
- o prisma de base hexagonal? _____

**c.** Quantas arestas o paralelepípedo possui? E a pirâmide de base triangular? _____

**5.** As figuras representam a base de três prismas.

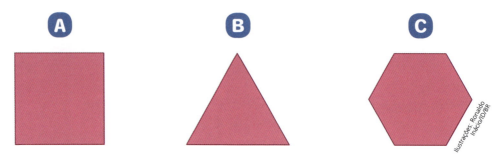

**a.** Qual é o nome de cada um dos prismas correspondentes a essas bases?

_____

**b.** Quantas faces laterais cada um desses prismas tem?

_____

**c.** Quantas faces, vértices e arestas cada um desses prismas tem?

_____

_____

**6.** Fabrício coloriu o molde de um prisma de base pentagonal e, depois, montou-o.

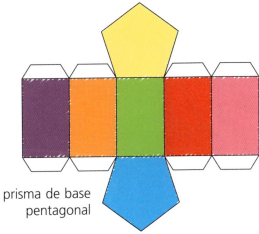

prisma de base pentagonal

Marque com um **X** o prisma correspondente a esse molde.

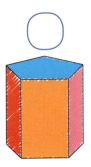 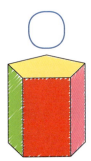 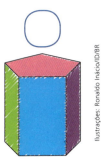

**7.** Ligue cada figura geométrica espacial à sua planificação.

 prisma de base triangular

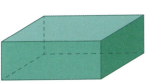 paralelepípedo ou prisma de base retangular

 pirâmide de base hexagonal

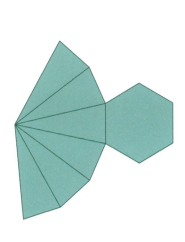 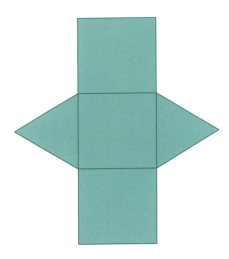 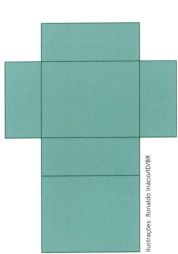

## Para fazer juntos!

As figuras desenhadas na malha representam planificações de cubos.

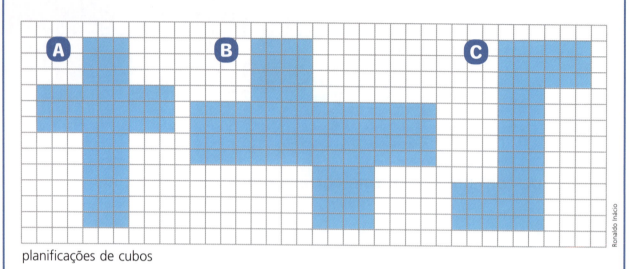

planificações de cubos

- Qual das figuras dessa malha é a planificação do cubo representado ao lado?

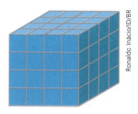

_____

💬 Junte-se a um colega e explique a ele como você fez para resolver esta atividade.

**8.** Silas montou o molde de uma pirâmide que possui 4 vértices, 4 faces e 6 arestas. Contorne o molde que Silas montou.

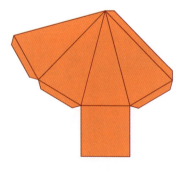 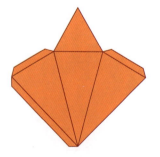 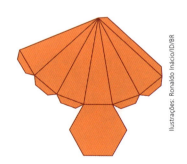

**36** Trinta e seis

# Ponto de chegada

Nesta unidade, ampliamos o estudo sobre as figuras geométricas espaciais. Vamos recordar? Leia e complete o que falta nos itens.

a. Reconhecemos algumas figuras geométricas espaciais e as classificamos em **poliedros** e **não poliedros**.

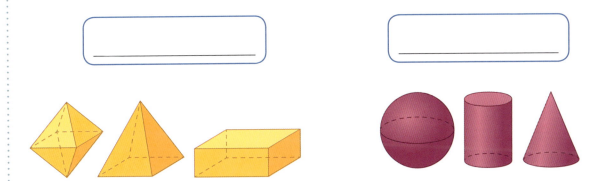

b. Nos poliedros, identificamos suas **faces**, **arestas** e **vértices**.

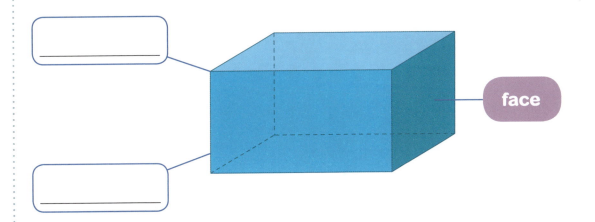

c. Estudamos alguns dos poliedros: os **prismas** e as **pirâmides**.

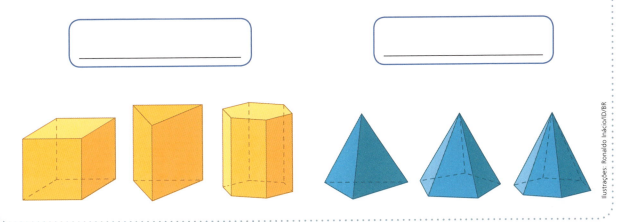

# unidade 3
# Adição e Subtração

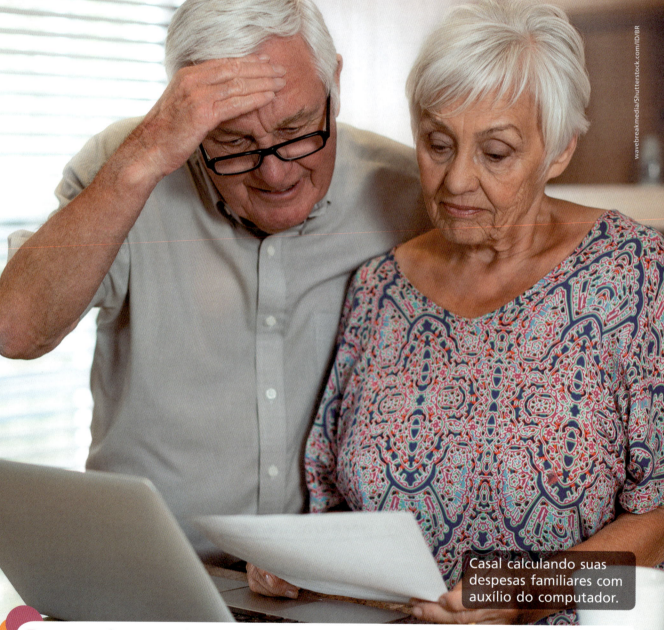

Casal calculando suas despesas familiares com auxílio do computador.

## Ponto de partida

1. O casal está calculando as despesas do mês. Em sua opinião, quais operações matemáticas eles estão efetuando?

2. Quem costuma fazer o controle das despesas na casa em que você mora?

# Adição

Conhecido por produzir o melhor chocolate do Brasil, Gramado é um dos municípios mais famosos do Rio Grande do Sul.

Observe, no gráfico, a quantidade de homens e de mulheres que morava no município de Gramado no ano de 2010.

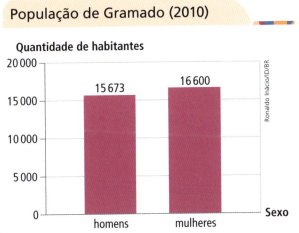

Fonte de pesquisa: IBGE. Disponível em: <http://cod.ibge.gov.br/2vvhi>. Acesso em: 9 out. 2017.

**1.** Em 2010, no município de Gramado, a população de homens era maior ou menor do que a população de mulheres?

---

Foto de uma rua de Gramado, no Rio Grande do Sul, em 2017.

Com suas ruas floridas e seu clima agradável, esse município atrai visitantes também pela produção de malhas e pelo festival de cinema que acontece todos os anos.

**2.** De que maneira podemos determinar a população de Gramado em 2010?

Para determinarmos a população de Gramado em 2010, podemos calcular:

15 673 + 16 600

Veja uma maneira de efetuar essa adição, utilizando o algoritmo.

**1º** Adicionamos as unidades, as dezenas e as centenas.

3 U + 0 U = 3 U
7 D + 0 D = 7 D
6 C + 6 C = 12 C

| DM | UM | C | D | U |
|----|----|----|----|----|
| 1 | 5 | 6 | 7 | 3 |
| + 1 | 6 | 6 | 0 | 0 |
| | | 12 | 7 | 3 |

**2º** Trocamos 10 centenas por 1 unidade de milhar. Em seguida, adicionamos as unidades de milhar.

1 UM + 5 UM + 6 UM = 12 UM

| DM | UM | C | D | U |
|----|----|----|----|----|
| 1 | ¹5 | 6 | 7 | 3 |
| + 1 | 6 | 6 | 0 | 0 |
| | 12 | 2 | 7 | 3 |

**3º** Trocamos 10 unidades de milhar por 1 dezena de milhar. Por fim, adicionamos as dezenas de milhar.

1 DM + 1 DM + 1 DM = 3 DM

| DM | UM | C | D | U |
|----|----|----|----|----|
| ¹1 | 5 | 6 | 7 | 3 |
| + 1 | 6 | 6 | 0 | 0 |
| 3 | 2 | 2 | 7 | 3 |

ou

```
  1 5 6 7 3  ⎫
+ 1 6 6 0 0  ⎬ parcelas
  ─────────
  3 2 2 7 3  ← soma ou total
```

Portanto, a população de Gramado em 2010 era de 32 273 habitantes.

# Pratique e aprenda

**1.** Efetue as adições.

a. 11 374 + 11 281 = _____

b. 12 445 + 11 637 = _____

**2.** Jonas e Sílvia estão brincando com um jogo que é disputado em duas etapas. Veja os pontos que eles obtiveram em cada etapa.

Jonas
1ª etapa: 30 412 pontos
2ª etapa: 28 237 pontos

Sílvia
1ª etapa: 28 893 pontos
2ª etapa: 31 684 pontos

a. Quantos pontos, ao todo, cada participante obteve nesse jogo?

b. Quem obteve mais pontos? _____

**3.** Uma fábrica de laticínios produziu 27 540 bandejas de iogurte no ano 2017. Em 2018, essa fábrica produziu 12 750 bandejas de iogurte a mais do que no ano anterior.

Quantas bandejas de iogurte essa fábrica produziu em 2018?

**4.** No dia 14 de outubro de 2012, o austríaco Felix Baumgartner ficou famoso ao saltar de paraquedas de um balão a gás e bateu três recordes: o salto realizado de maior altura, o voo de balão mais alto e ainda superou a barreira do som em queda livre.

Determine a altura do salto de Felix, em metros, sabendo que:

- é um número de 5 algarismos diferentes e o algarismo das unidades é o 9.
- é um número maior do que o resultado de 17 773 + 18 753.
- é um número menor do que o resultado de 14 835 + 21 703.

Felix Baumgartner, paraquedista e *base jumper*, em 2013, nos Estados Unidos.

**5.** Determine os algarismos que as letras representam nos cálculos a seguir.

```
  D 6 6 B 2          3 H 3 5 9
+ D A 2 5 A        + F 1 4 7 E
-----------        -----------
  2 C C 2 5          5 7 G F 9
```

**Dica** Letras iguais representam algarismos iguais.

| A | B | C | D | E | F | G | H |
|---|---|---|---|---|---|---|---|
|   |   |   |   |   |   |   |   |

**6.** Veja como podemos efetuar 11 653 + 12 184 usando uma calculadora.

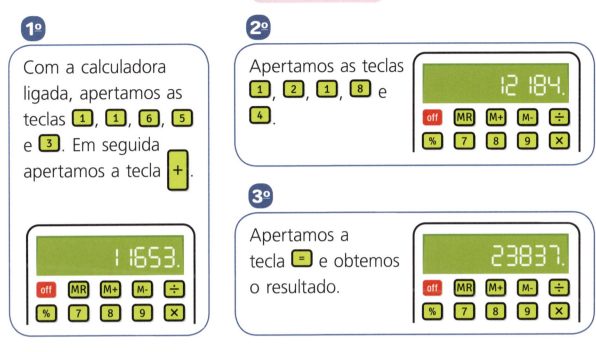

Agora, efetue as adições usando uma calculadora.

**a.** 10 692 + 10 721 = _____

**b.** 11 027 + 11 279 = _____

**c.** 14 532 + 12 354 = _____

**d.** 12 548 + 13 127 = _____

**e.** 29 875 + 51 483 = _____

**f.** 42 348 + 37 824 = _____

**7.** Em cada item, observe o resultado indicado no visor e determine os algarismos que estão faltando na sequência de teclas.

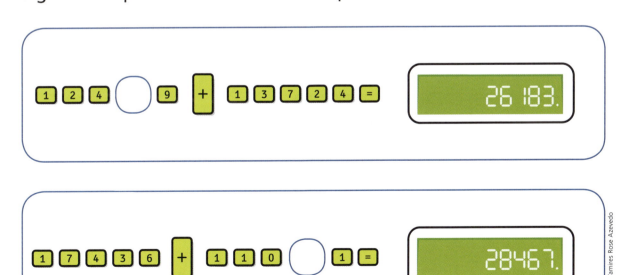

# Propriedades da adição

A adição possui algumas propriedades que contribuem para facilitar a resolução de situações-problema e também servem de estratégia em cálculos mentais, como veremos a seguir.

## Propriedade comutativa

Na estante de uma livraria havia 124 livros de Matemática e 196 livros de Ciências.

- Quantos livros, ao todo, havia nessa estante?

Com a prática da leitura, desenvolvemos outras habilidades além da escrita. Esse hábito favorece o desenvolvimento da criatividade e da imaginação, além de divertir e abrir caminhos para conhecermos novos conceitos e informações.

Veja como podemos determinar o total de livros que havia nessa estante.

$$\begin{array}{r}{}^1 1\,{}^1 2\,4 \leftarrow \text{Matemática}\\ +\,1\,9\,6 \leftarrow \text{Ciências}\\ \hline 3\,2\,0\end{array} \quad \text{ou} \quad \begin{array}{r}{}^1 1\,{}^1 9\,6 \leftarrow \text{Ciências}\\ +\,1\,2\,4 \leftarrow \text{Matemática}\\ \hline 3\,2\,0\end{array}$$

Nessa estante havia 320 livros.

> Ao trocar a ordem das parcelas de cada adição, o resultado não se altera. Essa propriedade da adição é chamada **propriedade comutativa**.

## Elemento neutro

Luísa escreveu e efetuou algumas adições na lousa.

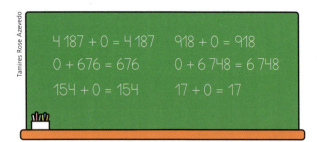

- Que relação você observa entre as parcelas e a soma nas adições que Luísa fez?

> Nas adições acima, uma das parcelas é sempre igual a 0 (zero). Quando isso ocorre, a soma é igual à outra parcela. Assim, dizemos que o zero é o **elemento neutro** da adição.

# Propriedade associativa

A professora do 4º ano solicitou aos alunos que efetuassem adições associando as parcelas de maneiras diferentes. Observe como Jorge e Agnes associaram as parcelas dessas adições.

- O que você pode perceber em relação à maneira como Jorge e Agnes fizeram as adições e aos resultados que eles obtiveram?

> Ao associar as parcelas de maneiras diferentes, o resultado da adição não se altera. Essa propriedade da adição é chamada **propriedade associativa**.

## Pratique e aprenda

**1.** Em cada item, identifique a propriedade de adição aplicada.

**a.** 53 + 0 = 53 _____

**b.** 17 + 35 = 35 + 17 _____

**c.** 29 + 52 + 43 = 81 + 43 _____

**d.** 24 + 78 = 78 + 24 _____

**2.** Efetue as adições.

a. 326 + 928 = _____

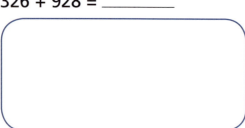

c. 1 824 + 977 = _____

b. 928 + 326 = _____

d. 977 + 1 824 = _____

**3.** Efetue os cálculos e complete as sentenças com os números que faltam.

a. 834 + 671 + 736 = 834 + _____ = 2 241

b. 362 + 190 + 564 = _____ + 564 = _____

c. 1 530 + 615 + 761 + 1 096 = _____ + _____ = _____

**4.** Sem efetuar os cálculos por escrito ou na calculadora, ligue as adições com resultados iguais.

- 562 + 0
- 125 + 642
- 0 + 562 + 100
- 562 + 125

- 125 + 562
- 562 + 100
- 0 + 562
- 125 + 542 + 100

Agora, efetue os cálculos e verifique se sua resposta está correta.

**5.** Pedro fez algumas anotações em seu caderno.

Em seguida, ele adicionou o mesmo número em ambos os membros da igualdade e efetuou os cálculos.

Em cada uma das igualdades a seguir, adicione um mesmo número em ambos os membros e efetue os cálculos.

1º membro    2º membro
12 + 3 = 10 + 5

12 + 3 + 8 = 10 + 5 + 8
15 + 8 = 15 + 8
23 = 23

25 + 12 = 38 + 9

25 + 12 + ___ = 38 + 9 + ___

___ + ___ = ___ + ___

___ = ___

13 − 8 = 20 − 15

13 − 8 + ___ = 20 − 15 + ___

___ + ___ = ___ + ___

___ = ___

- O que você pode perceber em relação à igualdade escrita por Pedro e as que você completou?

> Nos cálculos, as igualdades se mantiveram, pois um mesmo número foi adicionado em ambos os membros.

**6.** Veja como Gisele calculou 64 + 32 mentalmente.

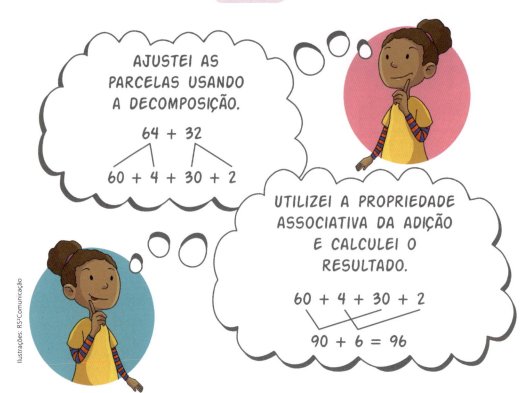

AJUSTEI AS PARCELAS USANDO A DECOMPOSIÇÃO.

64 + 32

60 + 4 + 30 + 2

UTILIZEI A PROPRIEDADE ASSOCIATIVA DA ADIÇÃO E CALCULEI O RESULTADO.

60 + 4 + 30 + 2

90 + 6 = 96

De maneira semelhante, efetue as adições mentalmente.

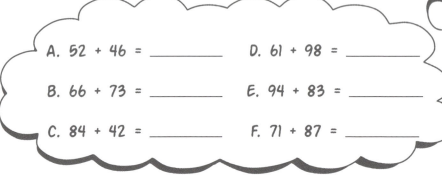

A. 52 + 46 = _____

B. 66 + 73 = _____

C. 84 + 42 = _____

D. 61 + 98 = _____

E. 94 + 83 = _____

F. 71 + 87 = _____

### Para fazer juntos!

Elabore no caderno o enunciado de um problema que envolva adição e em que seja necessário efetuar o seguinte cálculo:

245 + 128 + 102

Em seguida, troque o caderno com um colega e verifique se o problema que ele escreveu está correto.

# Subtração

O município de Diamantina, em Minas Gerais, é considerado um patrimônio da humanidade, devido à beleza de suas construções históricas.

O gráfico apresenta a população do município de Diamantina nos anos 2010 e 2017, de acordo com o IBGE.

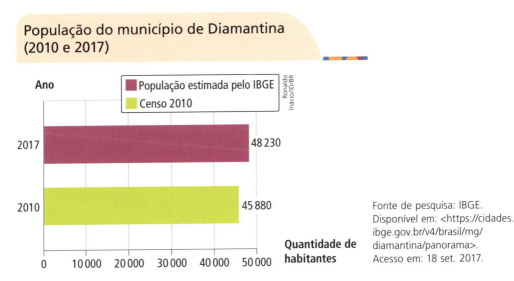

Fonte de pesquisa: IBGE. Disponível em: <https://cidades.ibge.gov.br/v4/brasil/mg/diamantina/panorama>. Acesso em: 18 set. 2017.

Ruas da cidade velha, em Diamantina, Minas Gerais, em 2014. Esse município foi o primeiro centro de exploração de diamantes no Brasil. Por volta de 1780, Diamantina chegou a ser a maior produtora de diamantes do mundo.

- Qual é a diferença entre a quantidade de habitantes no município de Diamantina em 2010 e em 2017?

Para responder a essa pergunta, podemos calcular:

$$48\,230 - 45\,880$$

Veja uma maneira de efetuar essa subtração, utilizando o algoritmo.

**1º** Subtraímos as unidades.

| DM | UM | C | D | U |
|----|----|---|---|---|
| 4  | 8  | 2 | 3 | 0 |
| −4 | 5  | 8 | 8 | 0 |
|    |    |   |   | 0 |

0 U − 0 U = 0 U

**2º** Trocamos 1 centena por 10 dezenas. Depois, subtraímos as dezenas.

| DM | UM | C  | D  | U |
|----|----|----|----|---|
| 4  | 8  | ²₁ | ¹3 | 0 |
| −4 | 5  | 8  | 8  | 0 |
|    |    |    | 5  | 0 |

13 D − 8 D = 5 D

**3º** Trocamos 1 unidade de milhar por 10 centenas e, em seguida, subtraímos as centenas.

| DM | UM  | C    | D | U |
|----|-----|------|---|---|
| 4  | 8̷₇ | ¹2̷₁ | 3 | 0 |
| −4 | 5   | 8    | 8 | 0 |
|    |     | 3    | 5 | 0 |

11 C − 8 C = 3 C

**4º** Subtraímos as unidades de milhar e, por fim, as dezenas de milhar.

| DM | UM  | C    | D | U |
|----|-----|------|---|---|
| 4  | 8̷₇ | ¹2̷₁ | 3 | 0 |
| −4 | 5   | 8    | 8 | 0 |
| 0  | 2   | 3    | 5 | 0 |

7 UM − 5 UM = 2 UM

4 DM − 4 DM = 0 DM

ou

```
    4  ⁸₇  ¹2̷₁  ¹3  0  ← minuendo
−   4   5    8   8  0  ← subtraendo
──────────────────────
    0   2    3   5  0  ← diferença ou resto
```

Portanto, a diferença é de 2 350 habitantes.

# Pratique e aprenda

**1.** Efetue as subtrações.

a. 14 782 − 12 401 = _____

b. 11 259 − 10 085 = _____

**2.** Veja como Solange efetuou mentalmente 2 003 − 400.

De maneira semelhante, efetue mentalmente os seguintes cálculos.

a. 1 007 − 300 = _____

b. 2 005 − 600 = _____

c. 5 010 − 700 = _____

d. 6 436 − 400 = _____

**3.** Carlos arredondou os números para a centena mais próxima e obteve o resultado aproximado de 4 781 − 2 402, como está representado ao lado.

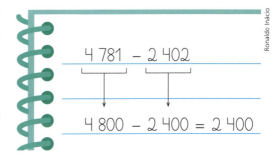

De maneira semelhante, determine o resultado aproximado dos cálculos.

a. 2 590 − 1 296

b. 6 798 − 3 714

c. 3 895 − 1 412

Agora, utilize uma calculadora para determinar os resultados exatos das subtrações. Em seguida, compare com os resultados arredondados que você determinou inicialmente.

**4.** Em um dos jogos do Chuteirão Futebol Clube, foram vendidos 14 056 ingressos, dos quais 9 384 foram para as arquibancadas e o restante para as cadeiras numeradas. Quantos ingressos para as cadeiras numeradas foram vendidos?

**5.** Veja o diálogo de Carlos com um vendedor.

QUAL É O PREÇO DO TELEVISOR? E O DA GELADEIRA?

A GELADEIRA CUSTA R$ 1 750,00 E O TELEVISOR CUSTA R$ 1 080,00.

Carlos

**a.** Que produto tem o maior preço: a geladeira ou o televisor? De quantos reais é a diferença entre eles?

**b.** Quantos reais Carlos vai pagar se comprar o televisor e a geladeira?

**6.** Em nosso país, são realizadas eleições municipais a cada 4 anos. Observe, na tabela, a quantidade de candidaturas a prefeito em 2012 e 2016 no Brasil.

| Quantidade de candidaturas a prefeito no Brasil (2012 e 2016) | | |
|---|---|---|
| Eleições | Sexo | |
|  | Feminino | Masculino |
| 2012 | 2 026 | 13 101 |
| 2016 | 2 150 | 14 418 |

Fonte de pesquisa: Tribunal Superior Eleitoral. Disponível em: <http://www.tse.jus.br/eleicoes/estatisticas/estatisticas-eleitorais>. Acesso em: 9 set. 2017.

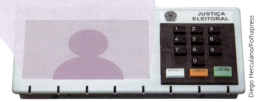

**a.** Quantos homens a mais do que mulheres se candidataram a prefeito nas eleições de 2012?

**b.** Quantas mulheres se candidataram a mais nas eleições de 2016, em relação às eleições de 2012?

**c.** Quantos foram os candidatos a prefeito nas eleições de:
- 2012?
- 2016?

# Operações inversas

A professora do 4º ano propôs o seguinte problema a seus alunos.

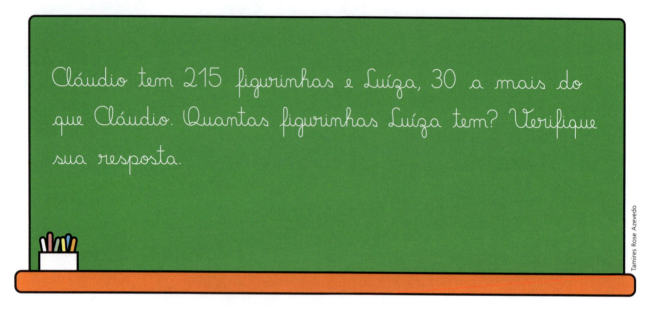

Cláudio tem 215 figurinhas e Luíza, 30 a mais do que Cláudio. Quantas figurinhas Luíza tem? Verifique sua resposta.

Veja como Arthur resolveu esse problema.

Resolução:
```
  215
+  30
  245
```

Verificação:
```
  245
-  30
  215
```

Luíza tem 245 figurinhas.

Note que, para verificar se a adição estava correta, Arthur efetuou uma subtração. Isso é possível porque a adição e a subtração são **operações inversas**.

Podemos representar essa situação por meio de um esquema.

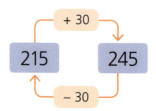

# Pratique e aprenda

**1.** Veja como a professora de Júlio resolveu o seguinte problema.

Agora é com você. Resolva os problemas propostos.

**a.** Qual é o número que adicionado a 289 tem como resultado 836?

**b.** Pensei em um número. Subtraí 463 desse número e obtive 241 como resultado. Em que número pensei?

**c.** Subtraí 2 451 de um número e obtive 3 178 como resultado. Qual é esse número?

**2.** Paula subtraiu o mesmo número em ambos os membros da igualdade 17 + 12 = 24 + 5.

Assim como Paula, subtraia o mesmo número em ambos os membros de cada igualdade e efetue os cálculos.

17 + 12 − 13 = 24 + 5 − 13
29 − 13 = 29 − 13
16 = 16

45 − 32 = 48 − 35
45 − 32 − ___ = 48 − 35 − ___
9 = 9

121 + 58 = 101 + 78
121 + 58 − ___ = 101 + 78 − ___
81 = 81

- O que você pode perceber em relação à igualdade escrita por Paula e as que você completou?

> Nos cálculos, as igualdades se mantiveram, pois um mesmo número foi subtraído em ambos os membros.

**3.** Efetue os cálculos necessários e complete os números que faltam.

**a.** 4 247 + ___ = 7 653

**b.** ___ − 3 172 = 5 359

**4.** Descubra o padrão de cada sequência e complete-as.

**a.** 78 591, 75 318, 72 045, 68 772, ___, ___.

**b.** 13 754, 19 032, 24 310, ___, ___, ___.

**5.** Entre os passatempos matemáticos mais antigos e conhecidos está o **quadrado mágico**. Com sua estrutura interessante e desafiadora, esse tipo de quadrado despertou o interesse de estudiosos, astrólogos e artistas.

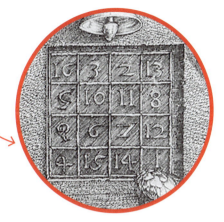

Ao criar o quadrado mágico que aparece no detalhe da imagem, o pintor e matemático alemão Albrecht Dürer (1471-1528) conseguiu encaixar nas duas casas centrais da última linha o ano em que essa tela foi criada.

*Melancolia I*, de Albrecht Dürer. Gravura em papel, 23,8 cm x 18,7 cm. 1514.

Um quadrado é mágico quando a soma dos números de cada linha, coluna e diagonal é sempre a mesma. Essa soma recebe o nome de **constante mágica**.

**a.** Qual é a constante mágica do quadrado de Dürer?

**b.** Determine a constante mágica do quadrado a seguir e, depois, complete-o.

| 25 |    | 12 | 22 |
|----|----|----|----|
| 14 | 20 |    | 17 |
|    | 16 | 15 | 21 |
| 13 |    | 24 | 10 |

# Divirta-se e aprenda

## Dominó da subtração

**Vamos precisar de:**

- tesoura com pontas arredondadas
- peças do dominó que se encontram nas páginas **241** e **243**

**Procedimentos:**

Junte-se a dois colegas, recortem e embaralhem as peças do jogo sobre a mesa, com a parte escrita virada para baixo. Em seguida, cada participante deve retirar cinco peças sem mostrar aos colegas. As peças restantes devem ser empilhadas na mesa com a parte escrita virada para baixo.

O primeiro participante deve escolher e apresentar uma de suas peças sobre a mesa com a parte escrita virada para cima.

O jogador seguinte deve procurar, em suas peças, o número correspondente ao resultado da subtração indicada na peça que está sobre a mesa ou a subtração cujo resultado corresponde ao número que está nessa peça. Ao localizar essa peça, ele deve colocá-la sobre a mesa com as "pontas" correspondentes encostadas.

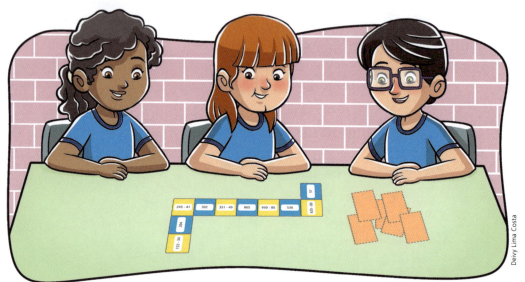

Caso o jogador não possua uma peça que possa ser jogada, ele deve retirar uma das que sobraram na mesa. Se a peça retirada não for útil à jogada, ou não haja mais peças no monte, o jogador passa a vez.

Aquele que usar todas as suas peças primeiro vence o jogo.

# Ponto de chegada

Nesta unidade, estudamos as operações de adição e de subtração e algumas características dessas operações. Leia e complete o que falta nos itens.

**a.** Vimos os elementos da adição e da subtração.

**b.** Estudamos algumas das propriedades da adição.

**Comutativa**: A ordem das parcelas em uma adição não altera o resultado.

( 130 + 45 = _____ )   e   ( 45 + 130 = _____ )

**Elemento neutro**: Em uma adição em que uma das parcelas é igual a zero, o resultado é igual à outra parcela.

( 200 + 0 = _____ )   ( 485 + _____ = 485 )   ( 0 + _____ = 127 )

**Associativa**: Ao associarmos as parcelas da adição de maneiras diferentes, o resultado não se altera.

```
905 + 240 + 630        905 + 240 + 630

_____ + 630           _____ + _____

_____                 _____
```

**c.** Conferimos o resultado de uma adição efetuando uma subtração.

A adição e a subtração são **operações inversas**.

# unidade 4
# Tratamento da informação

Cena de um executivo apresentando relatório de suas atividades com auxílio de um gráfico.

## Ponto de partida

1. Qual é o tipo de gráfico que aparece na foto?

2. Em sua opinião, qual é a função de um gráfico?

# Tabelas e gráficos

A cada 4 anos, o mundo inteiro volta as suas atenções para os Jogos Olímpicos. Por meio de noticiários, jornais, revistas e internet, somos informados a respeito das competições e das medalhas conquistadas pelos atletas.

Veja uma notícia relacionada aos Jogos Olímpicos.

A partir do ano 2000, o Brasil evoluiu em relação à quantidade de medalhas conquistadas nos Jogos Olímpicos, subindo 10 vezes ao pódio nas Olimpíadas de Atenas (2004). Quatro anos depois, em Pequim (2008), o nosso país conquistou 16 medalhas. Em Londres (2012), nossos atletas subiram 17 vezes ao pódio e aqui no Brasil (2016) foram 19 medalhas, a melhor marca até então.

Fonte de pesquisa: Comitê Olímpico Brasileiro. Disponível em: <https://www.cob.org.br/pt/time-brasil/brasil-nos-jogos/medalhas-do-time-brasil>. Acesso em: 6 set. 2017.

Judoca brasileira Rafaela Silva, no Rio de Janeiro, em 2016, exibindo a medalha de ouro conquistada nas Olimpíadas Rio 2016.

As informações apresentadas na notícia podem ser organizadas em uma **tabela**.

| Quantidade de medalhas conquistadas pelo Brasil em quatro edições dos Jogos Olímpicos ||
|:---:|:---:|
| Jogos Olímpicos | Quantidade de medalhas |
| Atenas (2004) | 10 |
| Pequim (2008) | 16 |
| Londres (2012) | 17 |
| Brasil (2016) | 19 |

Fonte de pesquisa: Comitê Olímpico Brasileiro. Disponível em: <https://www.cob.org.br/pt/time-brasil/brasil-nos-jogos/medalhas-do-time-brasil>. Acesso em: 6 set. 2017.

Podemos, também, organizar em um **gráfico de colunas** as informações apresentadas na notícia da página anterior.

**Quantidade de medalhas conquistadas pelo Brasil em quatro edições dos Jogos Olímpicos**

Fonte de pesquisa: Comitê Olímpico Brasileiro. Disponível em: <https://www.cob.org.br/pt/time-brasil/brasil-nos-jogos/medalhas-do-time-brasil>. Acesso em: 6 set. 2017.

Medalhas de ouro, prata e bronze das Olimpíadas Rio 2016.

A vantagem de utilizar tabelas e gráficos é que as informações são apresentadas de maneira mais objetiva e de fácil visualização.

Uma característica importante das tabelas e dos gráficos é que eles apresentam um **título** e uma **fonte**. O título nos informa o tema ou o assunto principal e a fonte indica a origem das informações apresentadas.

No exemplo dado, tanto a tabela quanto o gráfico contêm o título "Quantidade de medalhas conquistadas pelo Brasil em quatro edições dos Jogos Olímpicos" e a fonte "Comitê Olímpico Brasileiro".

**1.** O Brasil ganhou menos medalhas em qual das edições dos Jogos Olímpicos apresentadas? Quantas foram?

**2.** Quantas medalhas o Brasil ganhou, ao todo, nessas quatro edições dos Jogos Olímpicos?

# Pratique e aprenda

**1.** A tabela apresenta a quantidade, em quilogramas, de cada fruta produzida na fazenda de Luiz no ano 2017.

Fonte de pesquisa: Registros de Luiz.

**a.** Qual é o tema do gráfico?

___

**b.** Que fruta foi produzida em maior quantidade? Escreva por extenso o número que representa essa quantidade.

___

**c.** Ao todo, foram produzidos quantos quilogramas de banana e manga?

**d.** Quantos quilogramas de laranja foram produzidos a mais do que de limão?

# Por dentro do tema

**Trânsito**

## Motociclista protegido

A frase "Na moto, o para-choque é você" é uma citação popular que caracteriza bem os perigos que motociclistas enfrentam todos os dias, principalmente nas ruas mais movimentadas.

Por estarem mais expostos aos riscos, eles precisam redobrar os cuidados, conduzindo o veículo de maneira prudente, sem realizar procedimentos arriscados e usando roupas e equipamentos de segurança que sirvam de proteção em caso de acidentes.

**arriscados:** perigosos; ousados
**prudente:** que age com cuidado e atenção; que não procura o perigo

Observe alguns cuidados que motociclistas precisam ter.

Motociclista dirigindo com segurança na estrada.

Ter cuidado com pedestres.

Manter o farol aceso durante o dia e a noite.

Usar sempre o capacete.

Não transportar crianças com menos do que sete anos.

Usar luvas, roupas com tecido reforçado e sapatos fechados.

**A.** Explique o que você entendeu da frase "Na moto, o para-choque é você".

**B.** Em sua opinião, por que crianças menores de sete anos não podem ser transportadas em motocicletas?

**C.** O gráfico a seguir mostra a quantidade de motocicletas vendidas diariamente, durante certa semana do mês de dezembro, em uma concessionária.

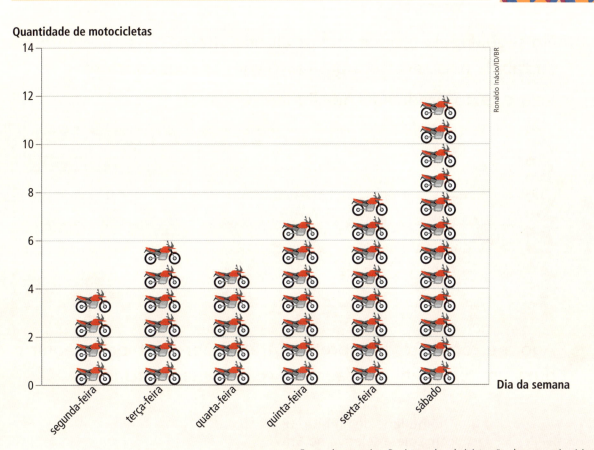

Quantidade de motocicletas vendidas diariamente em uma semana, em uma concessionária

Fonte de pesquisa: Registros da administração da concessionária.

- Qual é a fonte de informações apresentada nesse gráfico?
- Quantas motocicletas foram vendidas na semana de dezembro informada?
- Quantas motocicletas foram vendidas no sábado a mais do que na segunda-feira?

3. A professora do 4º ano apresentou aos alunos a seguinte tabela.

| Quantidade de atletas participantes em quatro edições dos Jogos Paraolímpicos ||
|---|---|
| Jogos Paraolímpicos | Quantidade de atletas |
| Atenas (2004) | 3 808 |
| Pequim (2008) | 3 951 |
| Londres (2012) | 4 237 |
| Brasil (2016) | 4 300 |

Fonte de pesquisa: Portal Brasil 2016. Disponível em: <http://www.brasil2016.gov.br/pt-br/megaeventos/paraolimpiadas/o-brasil-nos-jogos>. Acesso em: 26 set. 2017.

Em seguida, ela propôs que os alunos interpretassem as informações da tabela e escrevessem um texto com as suas conclusões.

Veja o texto produzido por Eduardo.

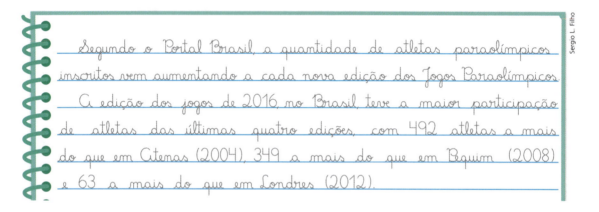

Segundo o Portal Brasil, a quantidade de atletas paraolímpicos inscritos vem aumentando a cada nova edição dos Jogos Paraolímpicos. A edição dos jogos de 2016, no Brasil, teve a maior participação de atletas das últimas quatro edições, com 492 atletas a mais do que em Atenas (2004), 349 a mais do que em Pequim (2008) e 63 a mais do que em Londres (2012).

Agora é com você. Interprete o gráfico apresentado a seguir e produza um texto, em seu caderno, com as suas conclusões.

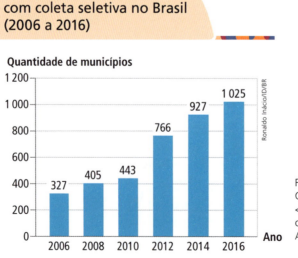

Quantidade de municípios com coleta seletiva no Brasil (2006 a 2016)

- 2006: 327
- 2008: 405
- 2010: 443
- 2012: 766
- 2014: 927
- 2016: 1 025

Fonte de pesquisa: CEMPRE. Disponível em: <http://www.cempre.org.br/ciclosoft/id/8>. Acesso em: 27 set. 2017.

**4.** Felipe registrou, em uma **tabela de dupla entrada**, a quantidade de copos de sucos vendidos em sua lanchonete nos dias 21 e 22 de março de 2018.

### Quantidade de copos de sucos vendidos em dois dias do mês de março de 2018

| Sabores | Dia | |
|---|---|---|
| | 21/03/2018 | 22/03/2018 |
| Laranja | 15 | 12 |
| Abacaxi | 7 | 8 |
| Morango | 11 | 10 |
| Uva | 9 | 13 |
| Outros | 5 | 6 |

Fonte de pesquisa: Registros de Felipe.

**a.** Quantos copos de suco de morango foram vendidos no dia:
- 21/03/2018?
- 22/03/2018?

**b.** Qual é a diferença entre a quantidade de sucos de laranja vendidos nos dias 21/03 e 22/03?

**c.** Que sabores de suco tiveram venda superior a 10 copos no dia:
- 21/03/2018?
- 22/03/2018?

**d.** Em qual desses dias ocorreu a maior venda de suco? Quantos sucos foram vendidos nesse dia?

**5.** O **gráfico de barras duplas** a seguir apresenta a população de homens e mulheres de alguns municípios paranaenses em 2010.

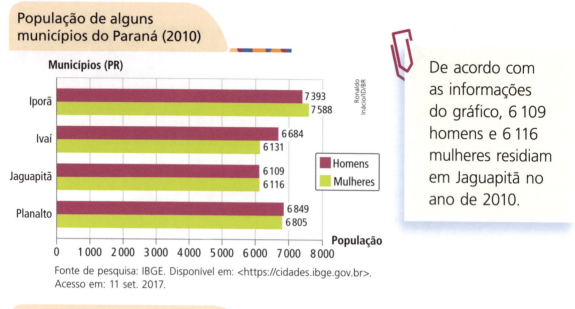

De acordo com as informações do gráfico, 6 109 homens e 6 116 mulheres residiam em Jaguapitã no ano de 2010.

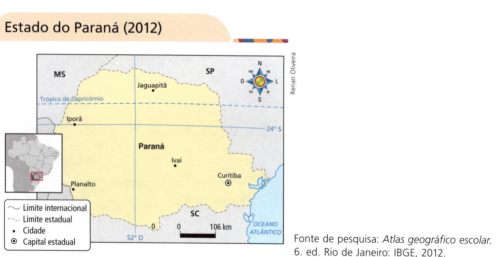

**a.** Em quais desses municípios a população de mulheres era maior do que a população de homens?

**b.** Dentre os municípios apresentados, qual era o mais populoso em 2010?

**6.** A escola de idiomas Falar para Conhecer realizou uma pesquisa para identificar o idioma preferido de seus alunos.

| Turno | Idioma preferido dos alunos da escola Falar para Conhecer | |
|---|---|---|
| | **Idiomas** | |
| | Inglês | Espanhol |
| Matutino | 25 | 30 |
| Vespertino | 35 | 25 |
| Noturno | 40 | 35 |

Fonte de pesquisa: Registros da administração da escola.

**Dica** Cada aluno votou apenas uma vez.

**a.** Complete o **gráfico de colunas duplas** a seguir de acordo com as informações apresentadas na tabela.

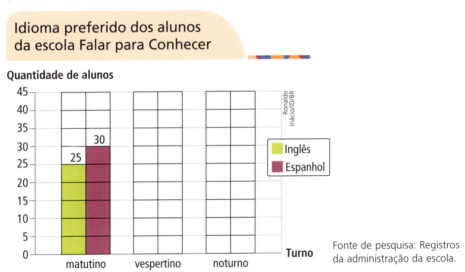

Fonte de pesquisa: Registros da administração da escola.

**b.** Qual foi o total de alunos que preferem o idioma:

- Inglês?

- Espanhol?

**c.** Qual foi o total de alunos que participaram da pesquisa?

**7.** A leitura é uma prática prazerosa, que enriquece a cultura geral e desenvolve a criatividade e a imaginação.

Com o objetivo de verificar o "comportamento leitor" dos seus alunos, a professora do 4º ano realizou uma pesquisa para saber quantos livros alguns deles leram durante o ano.

| Quantidade de livros lidos por alguns alunos do 4º ano ||
|---|---|
| Nome | Quantidade de livros |
| Ricardo | 2 |
| Felícia | 3 |
| Horácio | 5 |
| Odete | 7 |

Fonte de pesquisa: Registros da professora do 4º ano.

Para organizar as informações da pesquisa, a professora construiu um **gráfico de colunas**. Veja as etapas da construção deste gráfico.

Inicialmente, a professora traçou dois eixos. Em um deles, ela representou o nome dos alunos e, no outro, marcou a quantidade de livros, utilizando 10 cm para cada livro.

Na sequência, utilizando uma régua, ela traçou as barras correspondentes à quantidade de livros lidos por aluno. Por fim, ela escreveu o título e a fonte do gráfico.

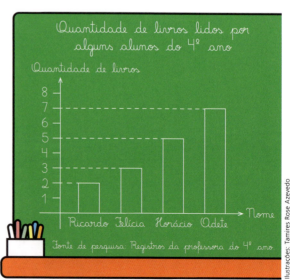

De maneira semelhante, construa no caderno um gráfico de barras de acordo com as informações apresentadas na tabela ao lado.

| Gênero de filme preferido pelos alunos do 4º ano ||
|---|---|
| Gênero | Quantidade de alunos |
| Ação | 5 |
| Aventura | 4 |
| Animação | 7 |
| Ficção científica | 6 |
| Comédia | 5 |

Fonte de pesquisa: Registros da professora do 4º ano.

## Matemática na prática

Realize uma pesquisa com seus colegas de sala e pergunte qual dos esportes a seguir é o preferido por eles. Em seguida, registre as informações coletadas na tabela.

| Esporte preferido pelos alunos do 4º ano |||
|---|---|---|
| Esporte | Quantidade de alunos ||
| | Meninos | Meninas |
| Futebol | | |
| Voleibol | | |
| Basquetebol | | |
| Natação | | |
| Atletismo | | |

Fonte de pesquisa: Registros de _____.

**a.** Quantas pessoas você entrevistou? _____.

**b.** Qual foi o esporte preferido pela maioria:
- dos meninos?
- das meninas?

 **c.** De acordo com as informações apresentadas na tabela, construa um **gráfico de barras ou colunas duplas** em seu caderno.

Setenta e um

**8.** Marcelo realizou uma pesquisa entre seus colegas de sala para saber a quantidade de irmãos de cada um deles. Em seguida, registrou em um gráfico as informações coletadas.

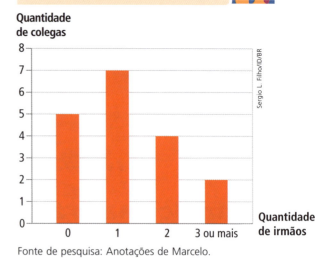

> **Dica** Nesse gráfico, podemos observar que dois colegas de Marcelo têm três irmãos ou mais.

**a.** Quantos colegas de Marcelo foram entrevistados?

**b.** Quantos colegas possuem pelo menos um irmão?

## Matemática na prática

Realize uma pesquisa com seus colegas de sala e pergunte qual é a quantidade de irmãos de cada um deles. Em seguida, registre as informações coletadas na tabela ao lado. Depois, construa no caderno um gráfico com as informações obtidas na pesquisa.

| Quantidade de irmãos que os meus colegas têm ||
|---|---|
| Quantidade de irmãos | Quantidade de colegas |
| 0 | |
| 1 | |
| 2 | |
| 3 ou mais | |

Fonte de pesquisa: Registros de _____.

# Noções de probabilidade

Maria e Clóvis colocaram 11 bolinhas numeradas de 2 a 12 em uma caixa.

Nesta situação, dizemos que a **chance** de sortear um número par é maior do que a de sortear um número ímpar.

1. Ao retirar, sem ver, uma bolinha, há mais chance de sortear um número menor ou maior do que cinco?

   Para responder a esta pergunta, vamos determinar quantos desses números são maiores e quantos são menores do que cinco.

   $\underbrace{2, 3, 4}_{\text{menores do que 5}}, 5, \underbrace{6, 7, 8, 9, 10, 11, 12}_{\text{maiores do que 5}}$.

   Note que três desses números são menores do que cinco e sete são maiores. Portanto, há mais chance de ser sorteado um número maior do que cinco.

2. Sorteando uma dessas bolinhas, há mais chance de obter um número menor do que oito ou um maior do que nove?

# Pratique e aprenda

**1.** Joel e dois amigos colocaram as dez bolinhas representadas abaixo em uma caixa, para brincar com o Jogo da Sorte.

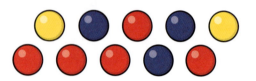

| Cor | 🔴 | 🔵 | 🟡 |
|---|---|---|---|
| Pontos | 1 | 2 | 3 |

Nesse jogo, o participante da vez deve retirar da caixa, sem olhar, uma bolinha e marcar os pontos equivalentes a cada cor. Em seguida, a bolinha é devolvida na caixa para que outro participante faça a retirada.

**a.** Quantas são as bolinhas:

- vermelhas? _____
- azuis? _____
- amarelas? _____

**b.** Qual é a cor da bolinha que um participante tem a maior chance de retirar? Justifique sua resposta.

_____

**c.** Veja, no quadro abaixo, as cores das bolinhas que Joel e seus amigos retiraram em uma partida.

| Participante | Cor da bolinha | | | | |
|---|---|---|---|---|---|
| Joel | 🔴 | 🟡 | 🔵 | 🔵 | 🔵 |
| Inês | 🔵 | 🔴 | 🟡 | 🔴 | 🔴 |
| Hélio | 🟡 | 🔴 | 🟡 | 🔴 | 🔵 |

Quantos pontos cada jogador obteve nessa partida?

**2.** Júlia montou o molde apresentado a seguir e obteve um dado.

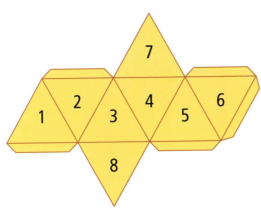 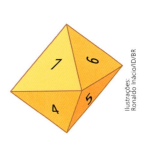

**a.** Quais são os possíveis resultados no lançamento desse dado?

_____

**b.** Ao lançar esse dado, a chance de obter um número par é maior ou menor do que a de obter:

- o número 5? _____
- um número ímpar maior do que 2? _____

**3.** Observe a roleta representada ao lado.

**a.** Das figuras geométricas planas indicadas na roleta, quantas são:

- círculo? _____
- quadrado? _____
- triângulo? _____

Roleta de figuras geométricas.

**b.** Ao girar o ponteiro da roleta, para qual figura geométrica ele tem a maior chance de apontar quando parar? Por quê?

_____

_____

**c.** A chance de o ponteiro apontar para o triângulo é maior ou menor do que a de apontar para o círculo? Justifique sua resposta.

_____

_____

**4.** Observe os lápis de Juliana.

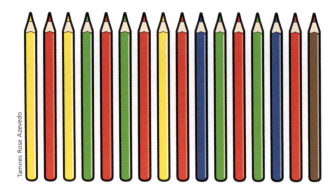

**a.** Juliana guardou os seus lápis de cor no estojo. Se ela retirar um lápis, sem olhar, é mais provável que ele seja de qual cor? Justifique sua resposta.
_____

**b.** A chance de Juliana retirar um lápis de cor amarelo é maior ou menor do que a de retirar um lápis de cor:

- vermelho? _____
- azul? _____
- verde? _____
- marrom? _____

**5.** A professora Marta realizou uma pesquisa para saber a idade de seus alunos. A tabela apresenta o resultado da pesquisa.

| Idade dos alunos de Marta | | | | |
|---|---|---|---|---|
| Idade (anos) | 8 | 9 | 12 | 13 |
| Quantidade de alunos | 18 | 15 | 21 | 15 |

Fonte de pesquisa: Registros de Marta.

**a.** Quantos alunos têm:

- 8 anos? _____
- menos de 12 anos? _____
- mais de 9 anos? _____

**b.** Ao sortear um aluno de Marta, há mais chances de que ele tenha:

( ) 8 anos.   ( ) menos de 12 anos.   ( ) mais de 9 anos.

Justifique sua resposta. _____

# Ponto de chegada

Nesta unidade, estudamos as tabelas, os gráficos e vimos algumas situações e eventos com mais ou menos chance de ocorrer em um sorteio. Leia e complete o que falta nos itens.

**a.** Ao realizarmos uma pesquisa, podemos organizar as informações coletadas em tabelas e gráficos.

| Esporte preferido pelos alunos da escola Aprender com Prazer | | |
|---|---|---|
| Esporte | Quantidade de alunos | |
| | Meninos | Meninas |
| Futebol | 20 | 10 |
| Voleibol | 10 | 25 |
| Basquetebol | 12 | 16 |
| Natação | 15 | 25 |
| Atletismo | 10 | 12 |

Fonte de pesquisa: Registros da administração da escola.

- Em uma tabela ou gráfico, o que o título e a fonte nos informam?

_____
_____
_____
_____
_____
_____

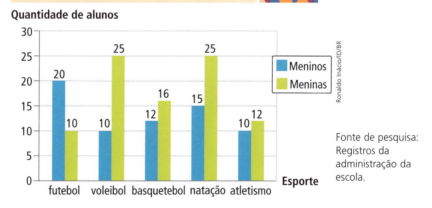

Esporte preferido pelos alunos da escola Aprender com Prazer

Fonte de pesquisa: Registros da administração da escola.

**b.** Ao sortearmos uma bolinha da caixa representada ao lado, há mais chance de obter uma bolinha _____ do que uma verde e mais chance de retirar uma bolinha verde do que uma _____.

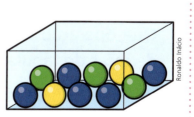

# unidade 5
# Multiplicação

Momento de um jogo de tabuleiro.

## Ponto de partida

1. Que operação matemática você usaria para determinar a quantidade de casas do tabuleiro que aparece na foto, sem contar uma a uma?

2. Você já usou um tabuleiro como esse em um jogo? Se sim, conte sua experiência aos colegas e ao professor.

# Utilizando a multiplicação

Lucas joga basquete no time da escola. Observe no quadro a quantidade de cestas que Lucas fez em uma das partidas que disputou.

| Quantidade de cestas | Valor da cesta |
|---|---|
| 5 | 1 ponto |
| 6 | 2 pontos |
| 5 | 3 pontos |

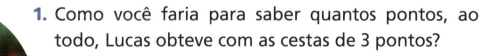

**1.** Como você faria para saber quantos pontos, ao todo, Lucas obteve com as cestas de 3 pontos?

_____

_____

Podemos responder a esta questão efetuando uma adição.

$$\underbrace{3 + 3 + 3 + 3 + 3}_{\text{cinco parcelas iguais}} = 15$$

Observe que as parcelas dessa adição são iguais, ou seja, o número **3** aparece **5** vezes. Então, podemos indicá-la pela multiplicação **5 × 3 = 15**.

$$3 + 3 + 3 + 3 + 3 = 5 \times 3 = 15$$

Portanto, Lucas obteve 15 pontos com as cestas de 3 pontos.

**2.** Escreva e efetue uma adição de parcelas iguais e uma multiplicação para determinar a quantidade de pontos que Lucas obteve com as cestas de 2 pontos.

_____ + _____ + _____ + _____ + _____ + _____ = _____

_____ × _____ = _____

Lucas obteve _____ pontos com as cestas de 2 pontos.

# Pratique e aprenda

1. Complete os itens.

   a. 4 × 5 = 5 + 5 + 5 + 5 = _____

   b. 3 × 0 = 0 + 0 + 0 = _____

   c. _____ × _____ = 7 + 7 + 7 + 7 + 7 = _____

   d. 5 × _____ = _____ + _____ + _____ + _____ + _____ = 0

   e. _____ × _____ = 6 + 6 + 6 + 6 + 6 + 6 + 6 = _____

2. Gilberto organizou sua coleção de latinhas de suco em três prateleiras.

   a. Quantas latinhas há em cada prateleira? _____

   b. Quantas latinhas há na coleção de Gilberto? Dê sua resposta por meio de uma adição de parcelas iguais e de uma multiplicação.

3. Natália vende frutas, por dúzia, na feira. Em sua banca, cada pacote com uma dúzia de laranjas é vendido por R$ 2,00.

   Determine quantos reais uma pessoa vai pagar se comprar:

   a. 2 pacotes de laranja.   b. 9 pacotes de laranja.   c. 7 pacotes de laranja.

   Produtos expostos em uma feira.

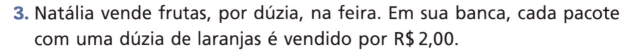

**4.** Fábio encomendou quatro dúzias de esfirras de frango e duas dúzias de esfirras de carne para levar a uma festa. Cada dúzia de esfirras de frango custou R$ 8,00 e cada dúzia de esfirras de carne custou R$ 7,00.

**a.** Quantos reais Fábio pagou:

- pelas esfirras de frango?
- pelas esfirras de carne?

**b.** Quantos reais, ao todo, Fábio gastou por essa encomenda?

**5.** Sofia tem a quantia representada ao lado.

**a.** Valéria tem o dobro da quantia de Sofia e Tatiane tem o triplo. Quantos reais Valéria tem? E Tatiane?

**Dica** Para calcular o **dobro** de uma quantidade, basta multiplicá-la por **2**. Para calcular o **triplo**, basta multiplicá-la por **3**.

**b.** Quantos reais têm, ao todo, as três meninas?

**6.** Observe como Elias e Daniela fizeram para determinar a quantidade de quadrinhos desenhados em uma malha quadriculada.

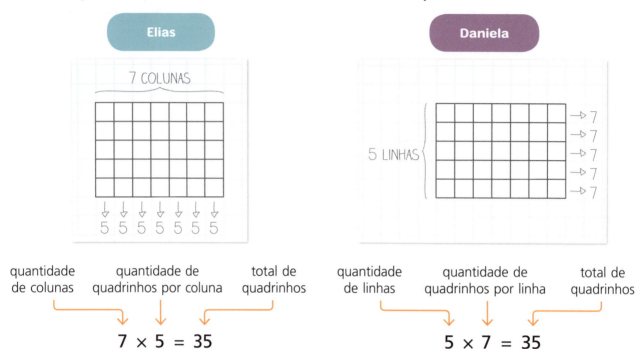

7 × 5 = 35         5 × 7 = 35

**a.** O que você pode observar em relação aos resultados obtidos por Elias e Daniela? _____

**b.** Calcule de duas maneiras diferentes a quantidade de quadrinhos de cada item.

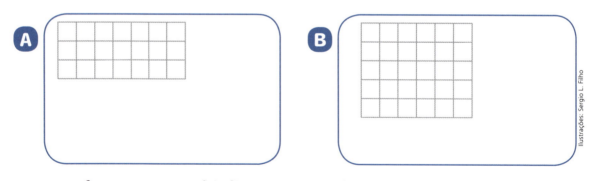

**7.** Escreva e efetue uma multiplicação para determinar a quantidade de carrinhos que há em cada item.

**8.** Veja no quadro as possibilidades que Odair tinha ao escolher um caderno e um lápis em uma papelaria.

Imagens sem proporção entre si.

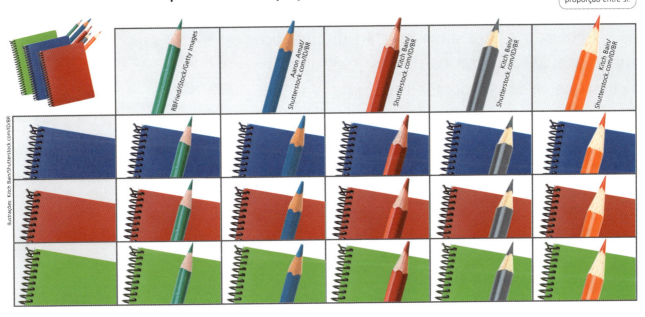

Agora, complete com os números adequados e determine quantas possibilidades diferentes de escolha Odair tinha.

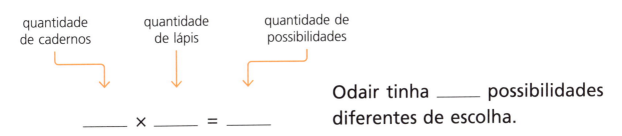

quantidade de cadernos

quantidade de lápis

quantidade de possibilidades

_____ × _____ = _____

Odair tinha _____ possibilidades diferentes de escolha.

**9.** Quantas possibilidades diferentes há para escolher uma camisa e uma calça entre as que aparecem na vitrine?

Oitenta e três **83**

# Multiplicação envolvendo números terminados em zero

Anderson e seus amigos estão disputando um jogo. Para registrar os pontos, eles utilizam fichas que valem 10 pontos cada uma. Veja ao lado as fichas que Anderson obteve ao final de uma partida.

**1.** De que maneira podemos calcular quantos pontos Anderson obteve ao final dessa partida?

_____

_____

Uma maneira de efetuar esse cálculo é por meio de uma adição de parcelas iguais.

Adição ⟶ 10 + 10 + 10 + 10 + 10 = 50

Outra maneira é efetuar o cálculo por meio de uma multiplicação.

Multiplicação ⟶ 5 × 10 = 50

Portanto, Anderson obteve 50 pontos nessa partida.

**2.** Calcule a quantidade de pontos obtidos pelos amigos de Anderson.

Ao multiplicar um número natural por 10, o resultado é dado acrescentando um zero à direita desse número.

# Pratique e aprenda

**1.** A turma do 4º ano está organizando uma festa. Cada aluno da turma receberá 10 convites para distribuir a seus convidados. Sabendo que nessa turma há 32 alunos, qual será o total de convites que eles poderão distribuir?

**2.** Efetue os cálculos necessários e complete os esquemas.

**A** — × 2, × 100, × 200

| | | |
|---|---|---|
| 2 | 4 | 400 |
| 4 | 8 | |
| 5 | | 1 000 |
| 7 | 14 | |

**B** — × 4, × 1 000, × 4 000

| | | |
|---|---|---|
| 1 | 4 | 4 000 |
| 4 | | 16 000 |
| 5 | | 20 000 |
| 8 | | |

**3.** Efetue os cálculos.

**A** 2 × 1 000 = _____

**B** 5 × 1 000 = _____

**C** 7 × 1 000 = _____

**4.** Efetue as multiplicações.

3 × 4 = _____  6 × 3 = _____  5 × 7 = _____

Agora, usando os resultados obtidos, efetue mentalmente os cálculos a seguir.

**a.** 3 × 40 = _____  **c.** 5 × 70 = _____  **e.** 6 × 3 000 = _____

**b.** 3 × 400 = _____  **d.** 5 × 700 = _____  **f.** 6 × 300 = _____

**5.** O coração é o órgão responsável pelo bombeamento do sangue no corpo. Veja a quantidade aproximada de batimentos cardíacos de alguns animais, por minuto.

| Coelho | Rato | Elefante |
|---|---|---|
| 200 batimentos por minuto | 500 batimentos por minuto | 20 batimentos por minuto |

Em cinco minutos, quantos batimentos cardíacos dá, aproximadamente, o coração do:

- coelho?
- rato?
- elefante?

### Que curioso!

#### O ritmo do coração

O coração do ser humano possui uma capacidade de trabalho impressionante. Mesmo em repouso, ele dá aproximadamente 70 batimentos por minuto e, nesse tempo, bombeia cerca de 5 litros de sangue para o corpo de um adulto.

- Em dez minutos, quantos batimentos, aproximadamente, o coração do ser humano dá a mais do que o coração de um elefante?

# Algoritmo da multiplicação

Valdemar comprou um guarda-roupa para sua casa na loja de móveis Paraíso. Ele pagou o guarda-roupa em prestações com sete cheques de mesmo valor.

Veja um dos cheques preenchidos por Valdemar.

**1.** Quantos reais, ao todo, Valdemar pagou pelo guarda-roupa?

Para responder a essa pergunta, vamos calcular $7 \times 213$.

Veja algumas maneiras de efetuar essa multiplicação.

### Com o uso do algoritmo

**1º** Multiplicamos as unidades.

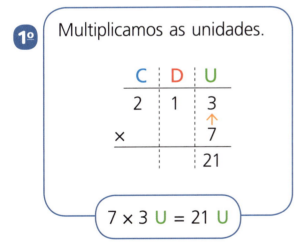

$7 \times 3$ U $= 21$ U

**3º** Multiplicamos e, em seguida, adicionamos as dezenas.

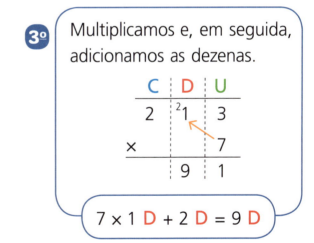

$7 \times 1$ D $+ 2$ D $= 9$ D

**2º** Trocamos 20 unidades por 2 dezenas.

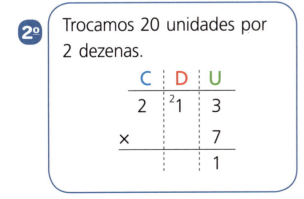

**4º** Multiplicamos as centenas.

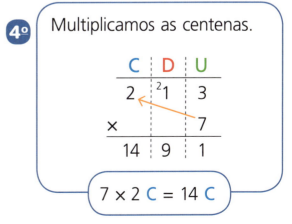

$7 \times 2$ C $= 14$ C

**Decompondo o número 213**

```
  2 1 3   →       200  +  10  +  3
×     7   →   ×                  7
                          2 1  →  7 × 3
                          7 0  →  7 × 10
                      + 1 4 0 0  →  7 × 200
                        1 4 9 1
```

ou

```
      2 1 3  ⎫ fatores
  ×       7  ⎭
      1 4 9 1  ← produto
```

Assim, Valdemar pagou R$ 1 491,00 pelo guarda-roupa.

**2.** Quantos reais Valdemar pagaria pelo guarda-roupa comprado em nove prestações de R$ 175,00?

### Aprenda mais!

Este livro vai te ajudar a lidar com o dinheiro de forma consciente. Porque, quanto antes você aprender isso, maior será a chance de se tornar alguém capaz de conter impulsos. Ou seja, comprar por necessidade e saber poupar para conquistar um desejo maior. Então vamos aprender o que fazer quando você ganhar um dinheirinho?

*Ganhei um dinheirinho*: o que eu posso fazer com ele?, de Cássia D'Aquino. Ilustrações de Orlando Pedroso. São Paulo: Moderna, 2010.

88 Oitenta e oito

# Pratique e aprenda

**1.** Efetue as multiplicações.

**a.** 2 × 840 = _____

**b.** 5 × 3 041 = _____

**c.** 4 × 16 267 = _____

**2.** Os elefantes são os maiores mamíferos terrestres. Uma de suas espécies, o elefante asiático, quando adulto chega a medir 3 m de altura e sua massa corresponde, aproximadamente, à massa de 10 cavalos adultos.

Devido a seu tamanho, um elefante pode comer até 150 kg de alimento por dia. Esse animal alimenta-se somente de vegetais, como capim, folhas de árvore e frutos.

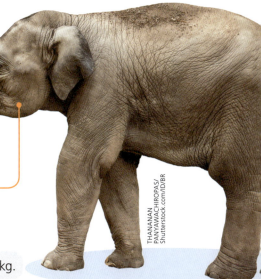

**Elefante asiático adulto**: chega a ter 5 600 kg.

**a.** Sabendo que a massa do cavalo adulto é aproximadamente 500 kg, qual é a massa do elefante asiático quando adulto?

**b.** De acordo com o texto da legenda, quantos quilogramas de alimento, aproximadamente, um elefante asiático pode comer em uma semana?

**3.** Complete as sentenças com o maior número possível terminado em zero, de maneira que elas se tornem verdadeiras.

**a.** 7 × 11 > 5 × \_\_\_\_\_

**b.** 2 × \_\_\_\_\_ < 5 × 15

**c.** 3 × 125 > 6 × \_\_\_\_\_

- Junte-se a um colega e explique a ele como você fez para obter as respostas desta atividade.

**4.** Veja como podemos calcular 7 × 2 153 utilizando uma calculadora.

**1º** Com a calculadora ligada, apertamos as teclas [7] e [×].

Visor: 7.

**2º** Em seguida, apertamos as teclas [2], [1], [5] e [3].

Visor: 2153.

**3º** Finalmente, apertamos a tecla [=] e obtemos o resultado.

Visor: 15071.

**a.** Utilizando uma calculadora, efetue os seguintes cálculos.

- 9 × 241 = \_\_\_\_\_
- 3 × 21 867 = \_\_\_\_\_
- 4 × 7 260 = \_\_\_\_\_
- 5 × 12 750 = \_\_\_\_\_
- 6 × 1 052 = \_\_\_\_\_
- 2 × 35 926 = \_\_\_\_\_

**b.** Escreva duas sequências de teclas que, ao serem pressionadas, façam aparecer no visor da calculadora o resultado indicado ao lado.

Visor: 1848.

**Dica** A tecla [×] deve aparecer em pelo menos uma das sequências que você escrever.

**5.** Para cada item, desenhe uma sequência de teclas que, ao serem pressionadas, forneçam o resultado dos seguintes cálculos.

**Dica** A tecla ⊗ não deve ser utilizada.

a. 3 × 645 = _____

b. 2 × 12 125 = _____

c. 4 × 1 210 = _____

**6.** A professora Esperança escreveu na lousa a sequência dos **múltiplos** de 2. Veja o que ela está dizendo.

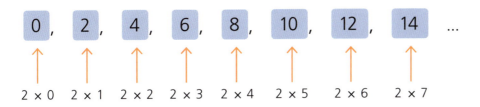

0, 2, 4, 6, 8, 10, 12, 14 ...

2 × 0   2 × 1   2 × 2   2 × 3   2 × 4   2 × 5   2 × 6   2 × 7

ESSA SEQUÊNCIA É OBTIDA MULTIPLICANDO CADA NÚMERO NATURAL POR 2.

Agora, escreva a sequência dos múltiplos de:

- 5.   0, 5, ____, ____, ____, ____, ____, ____, ...

- 7.   ____, ____, ____, ____, ____, ____, ____, ____, ...

- 19.  ____, ____, ____, ____, ____, ____, ____, ...

**7.** Joana recebeu uma encomenda para confeccionar 13 pulseiras. Sabendo que em cada pulseira são usadas 12 miçangas, de quantas miçangas, no mínimo, Joana vai precisar para atender a essa encomenda?

Podemos responder a essa pergunta efetuando 13 × 12.

**a.** Veja algumas maneiras de efetuar essa multiplicação e complete o que falta.

### Com o uso do algoritmo

**1º** Multiplicamos 3 unidades por 12.

|   | C | D | U |
|---|---|---|---|
|   |   | 1 | 2 |
| × |   | 1 | 3 |
|   |   | 3 | 6 |

3 × 12 = 36

**2º** Multiplicamos 1 dezena, ou seja, 10 unidades, por 12.

|   | C | D | U |
|---|---|---|---|
|   |   | 1 | 2 |
| × |   | 1 | 3 |
|   |   | 3 | 6 |
|   | 1 | 2 | 0 |

10 × 12 = 120

**3º** Adicionamos os resultados.

|   | C | D | U |
|---|---|---|---|
|   |   | 1 | 2 |
| × |   | 1 | 3 |
|   |   | 3 | 6 |
| + | 1 | 2 | 0 |
|   | 1 | 5 | 6 |

36 + 120 = 156

ou

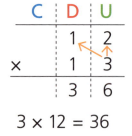

← produto

### Decompondo os números

```
        6  ← 3 × 2
       3 0 ← 3 × 10
       2 0 ← 10 × 2
     + 1 0 0 ← 10 × 10
     ─────
       1 5 6
```

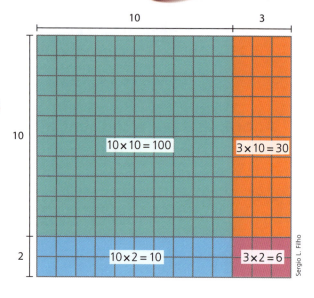

Portanto, Joana terá de usar, no mínimo, _____ miçangas para atender à encomenda.

**b.** Agora, calcule quantas miçangas, no mínimo, Joana deve usar para montar:

- 14 pulseiras.
- 35 pulseiras.

**8.** Efetue as multiplicações.

**a.** 14 × 23 = _____

**c.** 21 × 237 = _____

**b.** 15 × 32 = _____

**d.** 14 × 571 = _____

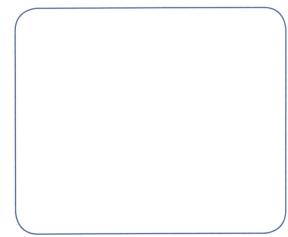

9. Veja como Marli pensou para obter o resultado aproximado de 12 × 28.

ARREDONDO 12 PARA 10 E 28 PARA 30. EM SEGUIDA, EFETUO 10 × 30 = 300.

De maneira semelhante à de Marli, determine o resultado aproximado dos cálculos a seguir.

a. 11 × 19 _____

b. 31 × 68 _____

c. 42 × 149 _____

Agora, com auxílio de uma calculadora efetue os cálculos e verifique se os resultados que você obteve estão próximos dos resultados exatos.

10. Sem efetuar cálculos por escrito ou na calculadora, estime, entre os números que aparecem em cada quadro, qual é o resultado de cada multiplicação. Em seguida, contorne esse número.

a. 12 × 39

- 4 680
- 868
- 468
- 2 340

b. 28 × 41

- 1 148
- 148
- 481
- 1 480

c. 11 × 68

- 5 032
- 748
- 7 840
- 7 480

### Para fazer juntos!

De acordo com a imagem, escreva um problema que envolva multiplicação. Depois, peça a um colega que resolva o problema inventado por você.

Notebook
Modelo XK 2019
10 parcelas de R$ 253,00

# Propriedades da multiplicação

Nesse tópico, vamos estudar propriedades importantes da multiplicação.

## Propriedade comutativa

Em um teatro, as cadeiras foram organizadas como mostra a figura.

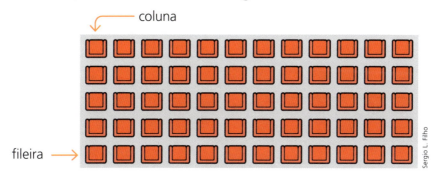

**1.** Quantas cadeiras há nesse teatro?

Veja como podemos determinar a quantidade total de cadeiras desse teatro.

Portanto, nesse teatro há 60 cadeiras.

**2.** Efetue as multiplicações e complete.

7 x 14 = _____     25 x 11 = _____     18 x 35 = _____

14 x 7 = _____     11 x 25 = _____     35 x 18 = _____

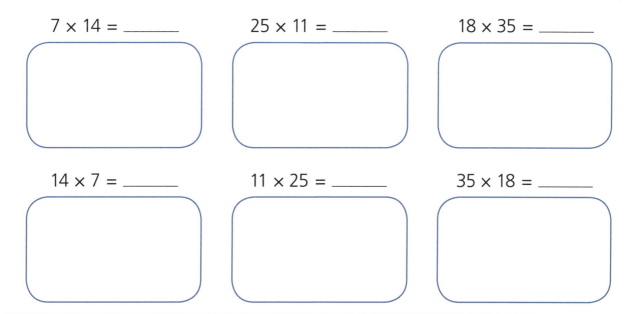

Ao trocar a ordem dos fatores, os produtos não se alteraram. Essa é uma propriedade da multiplicação chamada **propriedade comutativa**.

## Propriedade associativa

A professora escreveu na lousa os cálculos representados ao lado para os alunos resolverem.

Veja como Mariana e Douglas resolveram esses cálculos.

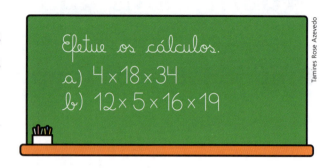

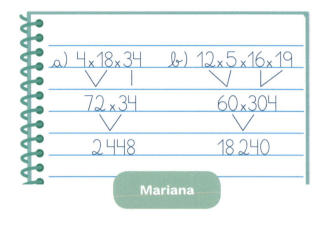

Mariana

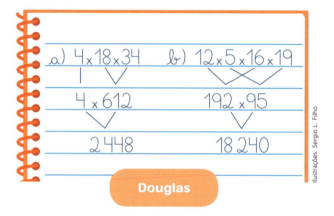

Douglas

Ao associar os fatores de maneiras diferentes, os resultados das multiplicações não se alteraram. Essa é uma propriedade da multiplicação chamada **propriedade associativa**.

## Elemento neutro

Ana escreveu e efetuou algumas multiplicações em pedaços de papel. Depois, ela os colocou em um painel.

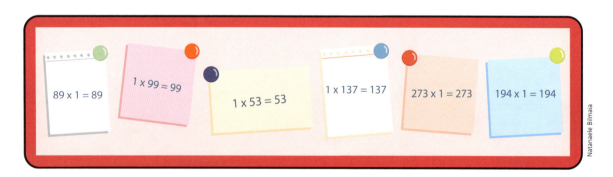

Nas multiplicações que Ana escreveu, um dos fatores é sempre 1. Quando isso ocorre, o produto é igual ao outro fator. Nesse caso, dizemos que o 1 é o **elemento neutro** da multiplicação.

# Propriedade distributiva

Veja como podemos calcular a quantidade de copos que há nas prateleiras abaixo de duas maneiras diferentes.

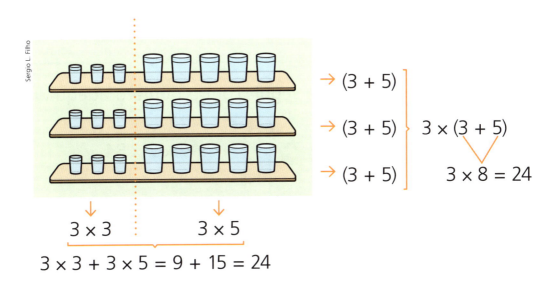

$3 \times 3 + 3 \times 5 = 9 + 15 = 24$

Nessas prateleiras há 24 copos.

Ao multiplicar um número pela soma de outros números, obtemos o mesmo resultado que ao multiplicar esse número pelas parcelas da adição e, em seguida, adicionar os resultados. Essa propriedade é chamada **propriedade distributiva** da multiplicação em relação à adição. Veja o exemplo.

- $4 \times (5 + 4) = 4 \times 9 = 36$

$4 \times (5 + 4) = 4 \times 5 + 4 \times 4 = 20 + 16 = 36$

A multiplicação também possui a propriedade distributiva em relação à subtração.

- $6 \times (7 - 3) = 6 \times 4 = 24$

$6 \times (7 - 3) = 6 \times 7 - 6 \times 3 = 42 - 18 = 24$

# Pratique e aprenda

1. Flávia tem 20 cédulas de R$ 5,00 e Antônio, 5 cédulas de R$ 20,00. A quantia em reais que Flávia possui é maior, menor ou igual à quantia de Antônio? Dê sua resposta sem efetuar cálculos.

   _____

2. Complete os cálculos a seguir com o número adequado.

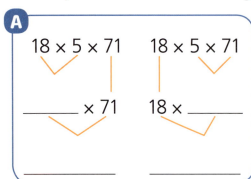
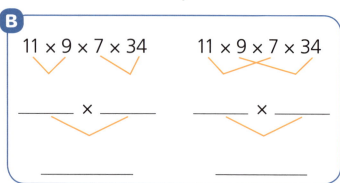

3. Complete as sentenças tornando-as verdadeiras.

   a. 137 × 1 = _____

   b. _____ × 432 = 432

   c. 1 × _____ = 296

   d. 8 × (_____ + 7) = 8 + 56 = _____

4. Para facilitar os cálculos, podemos utilizar as propriedades da multiplicação. Observe alguns exemplos.

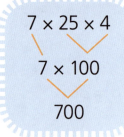
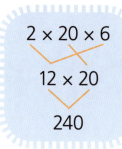

Agora, utilizando as propriedades, efetue as multiplicações.

   a. 5 × 20 × 7

   b. 4 × 15 × 250

   c. 8 × 6 × 125

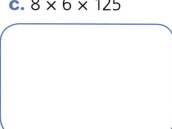

**5.** Jair tem 7 camisas, 4 calças e 3 pares de sapatos. Quantas possibilidades diferentes ele tem para se vestir usando uma camisa, uma calça e um par de sapatos?

**6.** Observe como as latas ao lado estão organizadas em uma pilha.

Escreva e efetue uma multiplicação para determinar a quantidade de latas dessa pilha.

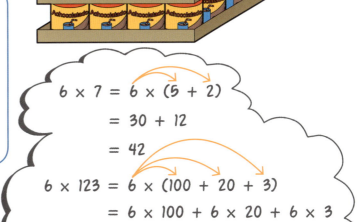

$6 \times 7 = 6 \times (5 + 2)$
$= 30 + 12$
$= 42$

$6 \times 123 = 6 \times (100 + 20 + 3)$
$= 6 \times 100 + 6 \times 20 + 6 \times 3$
$= 600 + 120 + 18$
$= 738$

**7.** Veja como Aroldo efetuou mentalmente $6 \times 7$ e $6 \times 123$.

Agora, de maneira semelhante à de Aroldo, efetue as multiplicações.

**a.** $4 \times 8 =$ _____

**b.** $9 \times 6 =$ _____

**c.** $5 \times 45 =$ _____

**d.** $7 \times 22 =$ _____

**e.** $3 \times 120 =$ _____

**f.** $6 \times 224 =$ _____

**8.** Substitua as letras por números de dois algarismos, de maneira que o resultado da expressão seja um número entre 500 e 700.

$A \times (B + C)$

## Divirta-se e aprenda

### Lançamento multiplicativo

**Vamos precisar de:**

- tinta guache azul, vermelha, amarela e verde
- pincéis
- folhas de papel
- lápis
- caixa de sapato
- fita adesiva
- copos descartáveis para café

**Procedimentos:**

Junte-se a quatro colegas e sigam as orientações do professor para pintarem os copos e prepararem o jogo. Cada cor vai representar um fator da multiplicação, conforme indicado na imagem.

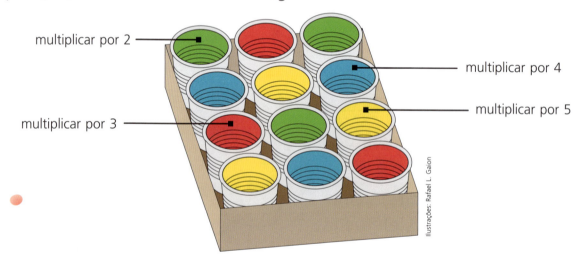

Amassem as folhas de papel com as mãos até que formem uma bolinha pouco menor do que a boca do copo. Cada participante inicia o jogo com um ponto.

O jogador da vez lança a bolinha na caixa e verifica a cor do copo em que ela caiu. Em seguida, multiplica mentalmente seu ponto pelo fator correspondente à cor do copo e anota o resultado.

Na rodada seguinte, a multiplicação é feita com o resultado da rodada anterior. Se a bolinha não se encaixar em copo algum, o jogador passa a vez sem pontuar.

Vence o jogador que tiver mais pontos ao final de 4 rodadas.

# Ponto de chegada

Nesta unidade, estudamos multiplicações envolvendo números terminados em zero e também estudamos propriedades da multiplicação. Vamos recordar? Leia e complete o que falta nos itens.

**a.** Estudamos os elementos da multiplicação: fatores e produto.

$$\begin{array}{r} 2\ 1\ 3 \\ \times \phantom{00} 7 \\ \hline \underline{\phantom{0000}} \end{array}$$ fatores

← produto

**b.** Ao multiplicar um número natural por 10, o resultado é obtido acrescentando um zero à direita desse número.

5 × 10 = _____        25 × 10 = _____        345 × 10 = _____

**c.** Estudamos as seguintes propriedades da multiplicação.

### Comutativa
Ao trocar a ordem dos fatores, o produto não se altera.
- 8 × 5 = _____
- 5 × 8 = _____

### Elemento neutro
O produto da multiplicação de um número por 1 é igual ao outro fator.

1 × 52 = _____

### Associativa
Ao associar os fatores de maneiras diferentes, o produto não se altera.

8 × 5 × 9         8 × 5 × 9

_____ × 9       8 × _____

_____           _____

### Distributiva
Ao multiplicar um número pela soma de outros números, obtemos o mesmo resultado que teríamos ao multiplicar esse número pelas parcelas da adição e, em seguida, adicionar os resultados.

4 × (3 + 5) = 4 × _____ + 4 ×

× _____ = _____ + 20 = _____

Esta propriedade também vale para a subtração.

unidade

# 6 Divisão

Momento de lazer de algumas pessoas na montanha-russa de um parque de diversões.

## Ponto de partida

1. Que operação matemática você usaria para calcular a quantidade de voltas que o carrinho da foto tem que dar com lotação máxima, sabendo a quantidade de pessoas que vão brincar?

2. Do que você mais gosta em um parque de diversões?

# Retomando a divisão

A escola Mundo vai promover uma feira de Ciências. Os 56 alunos de 4º ano serão divididos em grupos para apresentar as experiências aos visitantes da feira.

Alunos realizando experiência com ajuda do professor.

**1.** Como você faria para descobrir quantos grupos de 8 alunos podem ser formados com as turmas de 4º ano?

Uma maneira de resolver essa questão é verificar quantas vezes o 8 "cabe" no 56, ou seja, efetuando 56 : 8. Para isso, precisamos saber o número que, multiplicado por 8, tenha resultado 56 ou se aproxime de 56 sem ultrapassá-lo.

**Dica** Lembre-se de que o símbolo : representa divisão.

Escolhemos o número 7, pois 7 × 8 = 56.

1 × 8 = 8
2 × 8 = 16
3 × 8 = 24
4 × 8 = 32
5 × 8 = 40
6 × 8 = 48
7 × 8 = 56
8 × 8 = 64
9 × 8 = 72

total de alunos (dividendo) ↓
alunos por grupo (divisor) ↓

```
  5 6 | 8
- 5 6   7  ← quantidade de grupos (quociente)
    0 0
```

alunos que sobraram (resto) →

O 8 "cabe" 7 vezes no 56 e não sobra resto.

56 = 7 × 8

Portanto, podem ser formados 7 grupos de 8 alunos.

Como o **resto** é igual a **zero**, dizemos que essa divisão é **exata**.

**2.** Com os 48 alunos de 5º ano, a professora vai formar grupos de 7 alunos.

Como podemos determinar quantos grupos de 7 alunos podem ser formados?

Uma maneira de responder a esta pergunta é efetuar 48 : 7.

Escolhemos o número 6, pois 7 × 6 = 42.

1 × 7 = 7

2 × 7 = 14

3 × 7 = 21

4 × 7 = 28

5 × 7 = 35

6 × 7 = 42

7 × 7 = 49

8 × 7 = 56

9 × 7 = 63

total de alunos (dividendo) alunos por grupo (divisor)

```
  4 8 | 7
- 4 2   6  ← quantidade de grupos (quociente)
  0 6
```

alunos que sobraram (resto)

O 7 "cabe" 6 vezes no 48 e ainda sobram 6.   48 = 6 × 7 + 6

Portanto, podem ser formados 6 grupos de 7 alunos.

> Quando o **resto** é diferente de **zero**, dizemos que a divisão **não é exata**.

EM UMA DIVISÃO, O RESTO É MENOR DO QUE O DIVISOR.

**3.** Com os alunos de 5º ano que sobraram, a professora vai formar outro grupo. Quantos alunos terá esse grupo?

# Pratique e aprenda

1. Efetue as divisões. Depois, em cada item, escreva se a divisão é exata ou não exata.

   **A** 42 : 7 _____

   **B** 58 : 6 _____

   **C** 29 : 5 _____

   **D** 81 : 9 _____

2. Nair vai distribuir, igualmente, 45 lápis entre 5 crianças.

   a. Quantos lápis cada criança vai receber? _____

   b. Vai sobrar lápis? _____

3. Paula tem 19 m de fita para enfeitar algumas caixas de presente. Ela vai utilizar 2 m de fita em cada caixa.

   a. Quantas caixas, no máximo, Paula pode enfeitar com a quantidade de fita que possui? _____

   b. Vai sobrar fita? Quantos metros? _____

**4.** Os ovos orgânicos produzidos em um sítio são armazenados em embalagens como a apresentada ao lado.

**a.** Quantas dessas embalagens são necessárias para armazenar 56 ovos?

**b.** Sobrarão ovos sem ser embalados? Quantos ovos?

---

> **Que curioso!**
>
> ### Ovo caipira ou orgânico?
>
> Muitas pessoas acreditam que um ovo é orgânico apenas porque a galinha é caipira. Porém nem todo ovo de galinha caipira é orgânico.
>
> Tanto um quanto o outro são produzidos por galinhas criadas ao ar livre, fora de viveiros ou de gaiolas. Mas a principal diferença entre os ovos caipiras e os orgânicos é a alimentação dos animais. Para produzir um ovo certificado como orgânico, a galinha deve receber uma alimentação totalmente orgânica, sem agrotóxicos e fertilizantes, sem remédios para crescimento e sem antibióticos. Isso garante que o ovo chegará ao consumidor sem nenhum resíduo químico.
>
> Criadora de galinhas poedeiras, recolhendo ovos orgânicos frescos.

**Galinha:** geralmente, chega a ter 80 centímetros de comprimento.

**5.** Rita recebeu uma encomenda para confeccionar algumas camisas. Para isso, ela comprou 48 botões.

Sabendo que ela vai utilizar 5 botões em cada camisa, quantas camisas, no máximo, ela poderá fazer com essa quantidade de botões?

**6.** Veja como Vítor calculou 500 : 5 mentalmente.

DIVIDIR 500 POR 5 É O MESMO QUE DIVIDIR 5 CENTENAS POR 5, QUE DÁ 1 CENTENA, OU SEJA, 100. ENTÃO, 500 : 5 = 100.

De maneira semelhante à de Vítor, efetue mentalmente as divisões.

**a.** 50 : 5 = _____

**b.** 3 600 : 9 = _____

**c.** 27 000 : 3 = _____

**d.** 8 000 : 2 = _____

**e.** 40 000 : 4 = _____

**f.** 16 000 : 8 = _____

**7.** Douglas vai encaixotar 9 embalagens de 100 copos em 3 caixas.

**a.** Quantos copos ele vai encaixotar ao todo?

**b.** Quantos copos haverá em cada caixa?

8. Três operadores de caixa em um supermercado precisam trocar cédulas de R$ 100,00 por cédulas de menor valor a fim de facilitar o troco. Veja como eles desejam efetuar essas trocas.

a. Quantas cédulas de R$ 5,00 César vai receber ao fazer a troca?

b. Nessa troca, quantas cédulas de R$ 10,00 e quantas cédulas de R$ 5,00 Edna vai receber?

c. Nicole vai receber quantas cédulas de R$ 5,00 e quantas cédulas de R$ 2,00?

# Divirta-se e aprenda

## O resto que avança

**Vamos precisar de:**

- tabuleiro, peões e dados que estão nas páginas 245 e 247
- tesoura com pontas arredondadas
- cola

**Procedimentos:**

Junte-se a dois colegas e siga as orientações do professor para a confecção dos materiais do jogo.

Cada jogador, na sua vez, lança o dado e efetua a divisão do número da casa em que se encontra o peão pelo número obtido no dado. O resto dessa divisão será a quantidade de casas que o peão deve avançar. Se a divisão for exata, o peão permanece no mesmo lugar até a próxima rodada.

Vence o jogo aquele que alcançar primeiro a chegada.

> **Dica** Quando o peão estiver próximo à chegada, ele só poderá ser movido se o resto da divisão for menor ou igual à quantidade de casas que faltam para a chegada.

# Algoritmo da divisão

O estacionamento representado ao lado vai ser ampliado. O novo estacionamento terá 984 vagas e será dividido em 4 blocos com a mesma quantidade de vagas.

- Como você faria para descobrir a quantidade de vagas que haverá em cada bloco?

Estacionamento de um *shopping*.

Para responder a essa pergunta, podemos calcular $984 : 4$.

Uma maneira de efetuar essa divisão é por meio de **estimativa**.

```
  9 8 4 | 4
- 8 0 0   2 0 0
  1 8 4
```
$200 \times 4 = 800$

O 4 "cabe" cerca de 200 vezes em 984.

$200 \times 4 = 800$. Para 984, faltam 184.

```
  9 8 4 | 4
- 8 0 0   2 0 0
  1 8 4      4 0
- 1 6 0
  0 2 4
```
$200 \times 4 = 800$
$40 \times 4 = 160$

O 4 "cabe" cerca de 40 vezes em 184.

$40 \times 4 = 160$. Para 184, faltam 24.

```
  9 8 4 | 4
- 8 0 0   2 0 0
  1 8 4      4 0
- 1 6 0  +     6
  0 2 4     2 4 6
- 0 2 4
  0 0 0
```
$200 \times 4 = 800$
$40 \times 4 = 160$
$6 \times 4 = 24$

O 4 "cabe" 6 vezes em 24 e não há sobra, pois $6 \times 4 = 24$.

Assim, $984 : 4 = 246$, pois $246 \times 4 = 984$.

Portanto, o estacionamento terá, em cada bloco, 246 vagas.

Outra maneira de efetuar essa divisão é utilizar o **algoritmo**.

**1º** Dividimos 9 centenas por 4. Assim, obtemos 2 centenas e sobra uma centena.

```
  C D U
  9 8 4 | 4
 -8       2
 ───      
  1       C
```

**3º** Dividimos 18 dezenas por 4. Assim, obtemos 4 dezenas e sobram 2 dezenas.

```
  C D U
  9 8 4 | 4
 -8       2 4
 ───      
  1 8     C D
 -1 6
 ─────
  0 2
```

**2º** Trocamos 1 centena por 10 dezenas e adicionamos 10 dezenas às 8 dezenas.

```
  C D U
  9 8 4 | 4
 -8       2
 ───      
  1 8     C
```

**4º** Trocamos 2 dezenas por 20 unidades e adicionamos às 4 unidades. Por fim, dividimos 24 unidades por 4 e obtemos 6 unidades.

```
  C D U
  9 8 4 | 4
 -8       2 4 6
 ───      
  1 8     C D U
 -1 6
 ─────
  0 2 4
 -  2 4
 ─────
    0 0
```

Portanto, haverá 246 vagas em cada bloco.

## Pratique e aprenda

**1.** Efetue as divisões.

**A** 758 : 2 = _____

**B** 975 : 5 = _____

**C** 928 : 8 = _____

2. No sítio de Joaquim são produzidos cerca de 296 litros de leite por semana. Ele vende metade dessa produção para uma cooperativa. Quantos litros de leite Joaquim vende para essa cooperativa?

**Dica** Para calcular a metade de uma quantidade, basta dividi-la por 2.

3. Heitor viu na internet as seguintes promoções de revistas.

Assine por um ano.
São 52 exemplares.
R$ 416,00 em 4 parcelas sem acréscimo.

Assine por um ano.
São 52 exemplares.
R$ 510,00 em 5 parcelas sem acréscimo.

Veja como efetuar o cálculo para saber o valor de cada parcela da revista *Recreação* nessa promoção.

**1º** Dividimos 4 centenas por 4 e obtemos 1 centena.

```
  C D U
  4 1 6 | 4
− 4       1
  ─
  0       C
```

**2º** Não é possível dividir 1 dezena por 4 e obter dezenas inteiras, pois 1 < 4. Então, obtemos 0 dezena e sobra 1 dezena.

```
  C D U
  4 1 6 | 4
− 4       1 0
  ─
  0 1     C D
```

**3º** Trocamos 1 dezena por 10 unidades e adicionamos às 6 unidades. Em seguida, dividimos 16 unidades por 4 e obtemos 4 unidades.

```
  C D U
  4 1 6 | 4
− 4       1 0 4
  ─
  0 1 6   C D U
−   1 6
  ─
  0 0 0
```

Assim, o valor de cada parcela será de R$ 104,00.

Se Heitor assinar a revista *Ciência & ação* e pagar conforme a promoção, qual será o valor de cada parcela?

4. Efetue os cálculos a seguir.

A) 921 : 3 = _____

B) 540 : 5 = _____

C) 848 : 8 = _____

5. No bairro em que Virgínia mora, há uma equipe de 324 pessoas que desenvolvem trabalhos voluntários na comunidade, reunidas em três grupos com a mesma quantidade de pessoas. Elas desenvolvem as seguintes ações voluntárias.

 Visita a asilos, creches e hospitais a fim de promover algumas atividades, como leitura de histórias e recreação.

 Coleta de latas de alumínio com finalidade de arrecadar verba para instituições beneficentes.

 Campanha de conscientização da preservação do meio ambiente.

Quantos voluntários fazem parte de cada grupo?

**6.** A tabela apresenta a quantidade diária de exemplares de cada jornal vendido na banca de revista de Nélson.

| | Quantidade de jornais vendidos na banca de revista do Nélson | | |
|---|---|---|---|
| | O Correio | O Repórter | Jornal da Manhã |
| Segunda-feira | 18 | 16 | 20 |
| Terça-feira | 16 | 14 | 18 |
| Quarta-feira | 15 | 15 | 17 |
| Quinta-feira | 17 | 13 | 19 |
| Sexta-feira | 20 | 17 | 20 |
| Sábado | 19 | 18 | 22 |
| Domingo | 21 | 19 | 24 |

Fonte de pesquisa: Anotações de Nélson.

**a.** Quantos exemplares do jornal *O Correio* foram vendidos, em média, diariamente nessa semana?

Podemos calcular a quantidade média de exemplares do jornal *O Correio* vendidos por dia nessa semana da seguinte maneira.

Adicionamos as quantidades de exemplares vendidos em cada dia da semana.

$$18 + 16 + 15 + 17 + 20 + 19 + 21 = 126$$

Em seguida, dividimos a soma obtida (126) pela quantidade de dias da semana (7), ou seja:

$$126 : 7$$

Veja como podemos efetuar esse cálculo.

**1º** Não podemos dividir 1 centena por 7 e obter centena como resultado, pois 1 < 7.

Trocamos, então, 1 centena por 10 dezenas e somamos com as 2 dezenas, obtendo 12 dezenas.

C D U
1 2 6 | 7

**2º** Dividimos 12 dezenas por 7. Obtemos 1 dezena e sobram 5 dezenas.

```
  C D U
  ⌢
  1 2 6 | 7
  -  7    1
  ─────   D
      5
```

Portanto, em média, foram vendidos diariamente 18 exemplares do jornal *O Correio*.

**3º** Trocamos 5 dezenas por 50 unidades e somamos com as 6 unidades. Em seguida, dividimos 56 unidades por 7 e obtemos 8 unidades.

```
  C D U
  ⌢
  1 2 6  | 7
  -  7↓    1 8
  ─────    D U
     5 6
  -  5 6
  ──────
     0 0
```

**b.** Quantos exemplares, em média, foram vendidos diariamente nessa semana do jornal:

- *O Repórter*?

- *Jornal da Manhã*?

**7.** Marque com um **X** o número que mais se aproxima do resultado de cada divisão.

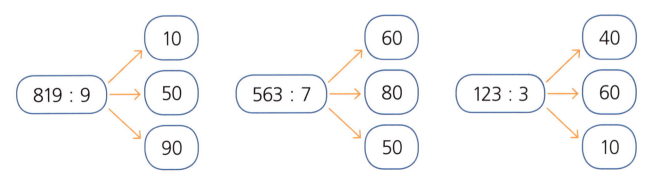

**8.** Rubens foi a uma loja de eletrodomésticos comprar o aspirador de pó representado ao lado.

O vendedor informou que o preço à vista desse aspirador de pó poderia ser pago em até 4 prestações iguais sem acréscimo.

Veja como Rubens pensou para saber quantos reais, aproximadamente, ele iria pagar em cada prestação.

R$ 236,00

ARREDONDO 236 PARA 240. DEPOIS, DIVIDO 240 POR 4 E OBTENHO O VALOR APROXIMADO DE CADA PRESTAÇÃO.

240 : 4 = 60

Portanto, Rubens iria pagar, aproximadamente, R$ 60,00 em cada prestação.

**a.** Efetue os cálculos e determine o valor exato da prestação desse aspirador de pó.

**b.** O valor aproximado é maior ou menor do que o valor exato? Quantos reais a mais ou a menos?

**9.** Fernanda escreveu alguns números em seu caderno.

Ela observou que, ao dividir esses números por 5, ela sempre obtinha 4 como resto.

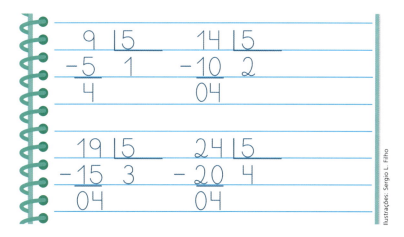

**a.** Complete os algoritmos com os outros números escritos por Fernanda.

**A** ___ ___ |5
       5
   -___ ___
    0    4

**B** ___ ___ |5
       6
   -___ ___
    0    4

**C** ___ ___ |5
       7
   -___ ___
    0    4

**b.** Escreva 8 números, que ao serem divididos por 7, têm resto igual a 3.

**10.** Veja, a seguir, a sequência de números naturais que divididos por 6 têm resto 4.

10, 16, 22, 28, 34, 40, ...

**a.** O número 322 pertence a essa sequência? E o número 175?

**b.** Escreva a sequência de números naturais que:
- divididos por 4 têm resto 2.

_____

- divididos por 9 têm resto 5.

_____

**11.** Veja como André efetuou 420 : 2.

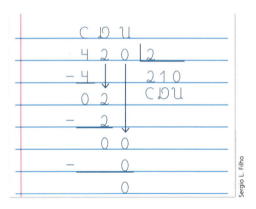

Agora, efetue as divisões.

**A** 910 : 7 = _____

**B** 720 : 3 = _____

**12.** Marcelo deseja organizar sua coleção de 10 carrinhos em caixas, de maneira que a mesma quantidade seja colocada em cada uma e que não sobre nenhum carrinho.

**a.** Veja algumas possibilidades de organização e complete as divisões.

Organizar os 10 carrinhos em uma única caixa.

10 : 1 = _____

Organizar os 10 carrinhos em 2 caixas.

10 : 2 = _____

Organizar os 10 carrinhos em 5 caixas.

10 : 5 = _____

Organizar os 10 carrinhos em 10 caixas.

10 : 10 = _____

Observe que todas as divisões feitas por Marcelo são exatas. Sendo assim, concluímos que:

> 10 é divisível por 1, 2, 5 e 10.   1, 2, 5 e 10 são divisores de 10.

**b.** Agora, utilizando uma calculadora, efetue os cálculos e determine os divisores de:

- 9.
- 12.

**13.** Os resultados das divisões indicam o ano de invenção de cada um dos meios de comunicação. Efetue os cálculos e complete a linha do tempo com esses anos.

7 504 : 4
Alexander Graham Bell inventou o telefone.

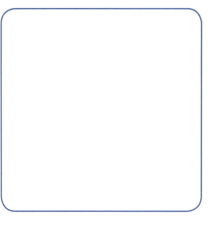

9 470 : 5
O italiano Guglielmo Marconi inventou o rádio.

5 778 : 3
John Logie Baird fez o primeiro aparelho de televisão.

- 1850
- 1860
- 1870
- 1880
- 1890
- 1900
- 1910
- 1920
- 1930
- 1940
- 1950

**14.** A prefeitura promoveu um festival de teatro realizado pelos alunos das escolas do município. Para assistir às peças, cada pessoa deveria contribuir com 2 kg de alimento não perecível. No gráfico está representada a quantidade, em quilogramas, de alimentos que as escolas arrecadaram em quatro dias de apresentação.

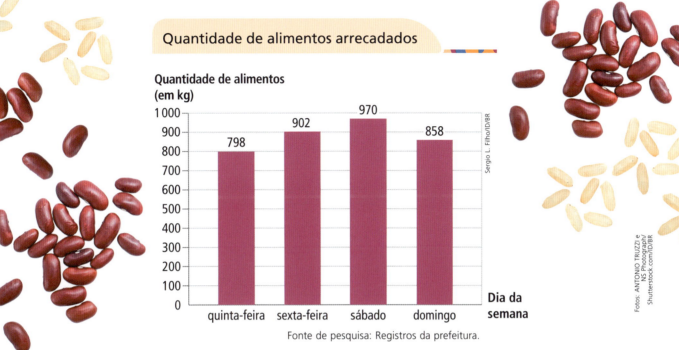

**Quantidade de alimentos arrecadados**

Fonte de pesquisa: Registros da prefeitura.

**1.** Qual foi o total arrecadado em alimentos pela prefeitura? _____

Os alimentos arrecadados foram distribuídos igualmente para 14 instituições beneficentes.

**2.** Quantos quilogramas de alimentos cada instituição recebeu?

Para obter a resposta, complete a divisão.

```
                3  5  2  8  | 1 4
14 × 2  →    -___ ___        _____
                 0  7  ___   2 ___ 2
14 × 5  →    -   ___ ___
                     0  2  ___
14 × ___ →       -      2  8
                        ___ ___
```

Portanto, cada instituição recebeu _____ kg de alimentos.

**15.** Guilherme, sua esposa Márcia e seu filho Renato de 9 anos pretendem fazer uma viagem de São Paulo a Natal por intermédio da agência de turismo Viaje Bem. Veja ao lado um folheto dessa agência.

Se a viagem for paga em 12 parcelas iguais sem acréscimo, qual será o valor de cada prestação?

**16.** Na Festa do Sorvete foram colocados à venda cartões de R$ 6,00 que davam direito a 8 bolas de sorvete.

**a.** Sabendo que foram arrecadados R$ 3 150,00 com a venda desses cartões, quantos cartões foram vendidos?

**b.** Quantas bolas de sorvete foram vendidas ao todo?

# Operações inversas

Renata foi a uma papelaria e comprou 15 canetas iguais à apresentada ao lado.

- Quantos reais Renata pagou pelas 15 canetas? Resolva como preferir.

Para responder a essa pergunta, podemos efetuar a **multiplicação** ao lado.

$15 \times 2 = 30$

Para verificar se essa operação está correta, podemos usar uma **divisão**, que é a **operação inversa** da multiplicação.

$30 : 2 = 15$

Complete o esquema ao lado de acordo com as operações realizadas.

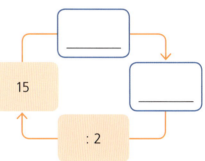

## Pratique e aprenda

1. Complete as sentenças com os números adequados.

   a. 120 : 4 = _____, pois _____ × 4 = 120

   b. 300 : 3 = _____, pois _____ × 3 = 300

   c. 20 × 8 = _____, pois _____ : 8 = 20

   d. 32 × 5 = _____, pois _____ : 5 = 32

2. Carlos dividiu igualmente suas bolinhas de gude entre quatro amigos. Cada amigo recebeu 13 bolinhas. Quantas bolinhas de gude Carlos tinha antes de fazer a divisão?

**3.** O funcionário de um supermercado organizou as caixas de leite que estavam no estoque em 2 prateleiras, de maneira que cada uma ficou com 19 caixas. Quantas caixas de leite havia no estoque?

**4.** Para obter os termos da sequência abaixo, a partir do segundo, multiplicamos o termo anterior por 2.

2, 4, 8, 16, 32, 64, 128, 256.

Descubra o padrão das sequências abaixo e complete-as.

a. 1, 5, 25, 125, ⬚, ⬚, ⬚.

b. 2048, 1024, 512, ⬚, ⬚, ⬚, ⬚.

**5.** Veja o que Joana está dizendo.

> PENSEI EM UM NÚMERO. DIVIDI ESSE NÚMERO POR 2 E O RESULTADO DEU 75. EM QUE NÚMERO PENSEI?

Calcule o número que Joana pensou.

# Ponto de chegada

Nesta unidade, estudamos divisões com divisor de um ou dois algarismos, o algoritmo da divisão e operações inversas. Vamos recordar? Leia e complete os itens.

**a.** Vimos que uma divisão pode ser **exata** ou **não exata**.

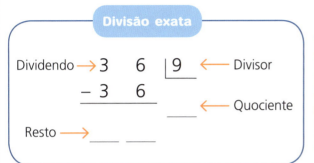

Em uma divisão, o resto é menor do que o divisor.

**b.** Efetuamos divisões com divisor de dois algarismos.

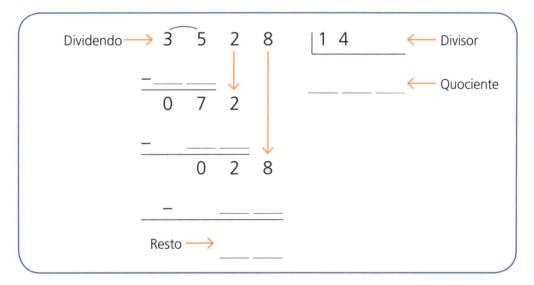

**c.** Vimos que a multiplicação e a divisão são operações inversas.

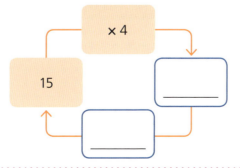

# unidade 7
# Medidas 1

Quetzal: cerca de 41 cm e sua cauda pode chegar a 100 cm de comprimento.

Quetzal, pássaro raro encontrado em florestas tropicais do Panamá, na América Central.

## Ponto de partida

1. Que instrumento de medida poderia ser usado para medir o comprimento da cauda do quetzal?

2. Pesquise e escreva o nome de dois pássaros que possuem cauda maior do que seu próprio corpo.

# Usando o centímetro e o milímetro para medir comprimentos

Neste capítulo, vamos estudar algumas medidas que fazem parte do nosso dia a dia e citar alguns momentos em que elas são úteis.

Rafaela obteve o comprimento de seu lápis com o auxílio de uma régua, que é um instrumento utilizado para medir comprimentos.

O MEU LÁPIS TEM 13 CENTÍMETROS DE COMPRIMENTO.

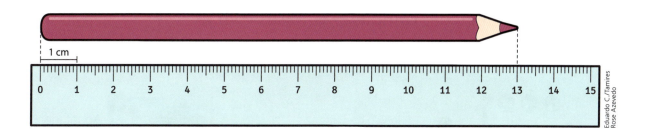

O **centímetro** (cm) é uma unidade padronizada de medida de comprimento.

Observe que, na régua, 1 **centímetro** está dividido em 10 partes iguais. Cada uma dessas partes corresponde a 1 **milímetro** (1 mm), que é outra unidade de medida de comprimento. Geralmente, utilizamos o milímetro para expressar pequenos comprimentos e obter medidas mais precisas.

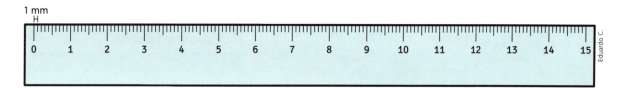

1 cm = 10 mm

## Pratique e aprenda

**1.** Veja como Rafaela obteve o comprimento de sua borracha.

MINHA BORRACHA TEM 30 MM OU 3 CM DE COMPRIMENTO.

Agora, determine o comprimento dos objetos representados a seguir com o auxílio de uma régua. Em seguida, complete as frases com as medidas adequadas.

**Dica** Para medir, posicione a extremidade do objeto fazendo coincidir com o zero da régua.

Peça de dominó.

A peça de dominó tem _____ mm ou _____ cm _____ mm de comprimento.

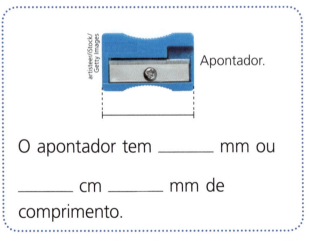

Apontador.

O apontador tem _____ mm ou _____ cm _____ mm de comprimento.

**2.** Observe os comprimentos das tiras representadas abaixo e, sem utilizar a régua, determine em cada item o comprimento da tira azul.

**A**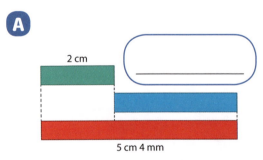

2 cm

5 cm 4 mm

**B**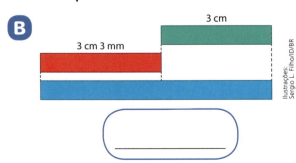

3 cm

3 cm 3 mm

Agora, usando uma régua, verifique se suas respostas estão corretas.

**3.** Usando uma régua, obtenha a medida, em milímetros, de cada lado das figuras abaixo.

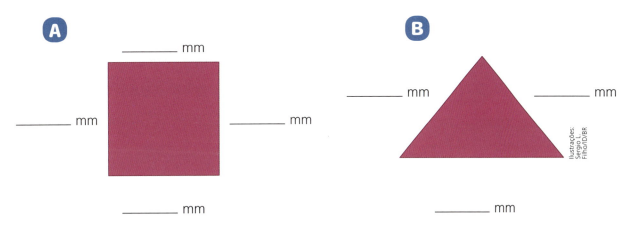

Agora, adicione as medidas de todos os lados de cada uma das figuras e obtenha o perímetro, em milímetros, de cada uma delas.

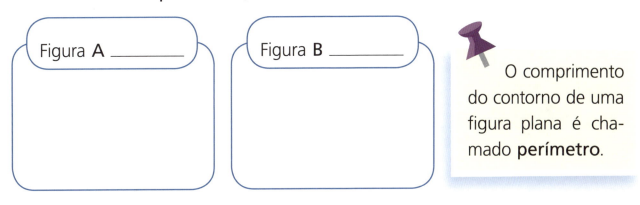

O comprimento do contorno de uma figura plana é chamado **perímetro**.

**4.** Observe ao lado o quadro que Raul pintou.

*Lírio*, de Raul Garcia. Óleo sobre tela, 2008. Coleção particular.

**a.** Sabendo que, nesta representação, cada 1 cm equivale a 20 cm na realidade, determine o comprimento e a largura reais deste quadro.

_____

_____

**b.** Calcule o perímetro desse quadro em seu tamanho real.

# Usando o metro e o quilômetro para medir comprimentos

Outras unidades de medida de comprimento muito usadas em nosso dia a dia são o **metro** (m) e o **quilômetro** (km). O quilômetro é adequado para medir distâncias muito grandes, como a extensão de uma rodovia, por exemplo.

Veja algumas situações em que geralmente utilizamos o metro ou o quilômetro como unidades de medida de comprimento.

Imagens sem proporção entre si.

Esta placa indica a distância de segurança mínima entre veículos, em metros.

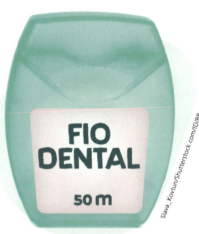
Este rótulo indica, em metros, o comprimento do fio dental.

A placa indicativa de distância ao lado indica, em quilômetros, a distância que falta percorrer para chegar a cada limite municipal informado.

Um quilômetro equivale a 1 000 m, isto é:

$$1 \text{ km} = 1\,000 \text{ m}$$

- Cite outras situações em que utilizamos o metro e o quilômetro como unidades de medida de comprimento.

## Pratique e aprenda

1. Complete as frases com a unidade mais adequada: **cm**, **m** ou **km**.

   a. A extensão da ponte Rio-Niterói é de aproximadamente 14 _____.

   b. O estojo de Heloísa tem 20 _____ de comprimento.

   c. A quadra esportiva de certa escola tem 28 _____ de comprimento.

2. Escreva as medidas apresentadas nas fichas em ordem crescente.

   | 1 km | 3 cm | 62 cm | 40 mm | 90 mm | 125 m | 25 km |

3. Na imagem ao lado, um pedaço de madeira é medido com um **metro articulado**. Esse instrumento é utilizado para realizar medições em metros e em centímetros.

   Converse com o professor e os colegas e escreva o nome de outros instrumentos de medida de comprimento usados para realizar medições em metros e em centímetros.

Marceneiro medindo um pedaço de madeira com o metro articulado.

### Aprenda mais!

O livro *Medindo comprimentos* vai ampliar seus conhecimentos sobre as medidas de maneira divertida, para além das regras de transformação das unidades do sistema métrico.

*Medindo comprimentos*, de Nílson José Machado. Ilustrações de Rogério Borges. São Paulo: Scipione, 2000 (Coleção Vivendo a Matemática).

**4.** Podemos dividir o metro em 100 partes iguais. Cada uma dessas partes corresponde a 1 cm.

$1\,m = 100\,cm$

De acordo com essa informação, complete os itens a seguir com os números adequados.

**DICA** No item d, você escolhe as medidas.

**a.** 25 cm + _____ cm = 100 cm = _____ m

**b.** 94 cm + _____ cm = _____ cm = 1 m

**c.** _____ cm + 48 cm = 100 cm = _____ m

**d.** _____ cm + _____ cm = _____ cm = 1 m

**5.** Elaine pretende encomendar uma blusa e uma calça à costureira. De acordo com suas medidas, a costureira pediu que Elaine comprasse 120 cm de tecido para fazer a blusa e 180 cm para a calça.

Veja como podemos obter, em metros e centímetros, a medida do tecido que ela deve comprar para fazer a blusa.

Sabemos que 100 cm = 1 m.
120 cm = 100 cm + 20 cm = 1 m + 20 cm = 1 m 20 cm

De maneira semelhante, obtenha, em metros e centímetros, a medida do tecido que ela deve comprar para fazer a calça.

# Por dentro do tema

**Trabalho**

## Trabalho formalizado

Para fazer uma blusa e uma calça sob medida, Eliane procurou uma costureira, que trabalha confeccionando roupas em sua casa.

Na vida adulta, é comum que as pessoas trabalhem para arcar com as despesas. Mas imagine alguém trabalhar durante o ano todo e não ter direito a férias ou ainda envelhecer e não ter direito à aposentadoria.

Isso é o que acontece com trabalhadores informais que não têm registro em carteira e trabalham por conta, sem regularização.

Para garantir direitos trabalhistas, é necessária a formalização da condição de trabalhador, seja em uma empresa, seja em casa. Veja alguns destes direitos.

- Aposentadoria.
- Férias.
- Salário-maternidade.
- Auxílio-doença.

Costureira executando o corte de uma roupa.

**A.** Por que a formalização do trabalho é importante?

**B.** Que profissão você gostaria de exercer na vida adulta?

**6.** Complete o quadro com as medidas que faltam.

| Medidas (em cm) | 135 cm | | 380 cm | | |
|---|---|---|---|---|---|
| Medidas (em m e cm) | 1 m 35 cm | 2 m 40 cm | | 8 m 25 cm | 5 m 45 cm |

**7.** Escreva os nomes das pessoas a seguir em ordem decrescente de altura.

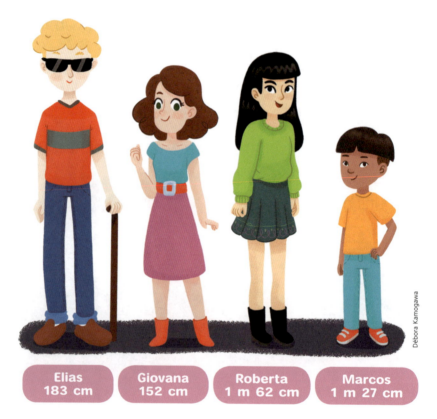

Elias 183 cm  Giovana 152 cm  Roberta 1 m 62 cm  Marcos 1 m 27 cm

_____

**8.** Descubra qual é o padrão da sequência e complete-a.

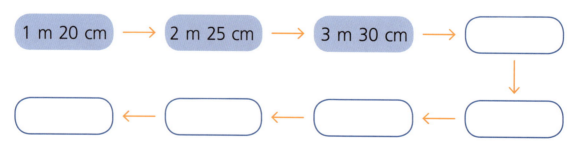

1 m 20 cm → 2 m 25 cm → 3 m 30 cm →

Padrão: _____

**9.** Veja como podemos representar 1 580 m em quilômetros e metros.

> Sabemos que 1 000 m = 1 km.
> 1 580 m = 1 000 m + 580 m = 1 km + 580 m = 1 km 580 m

De maneira semelhante, complete o quadro com as medidas que faltam.

| Medidas (em m) | 1 360 m | 3 550 m | 5 780 m | |
|---|---|---|---|---|
| Medidas (em km e m) | 1 km 360 m | | | 9 km 630 m |

**10.** Maurício faz transportes semanais de Aracaju, no estado de Sergipe, para três municípios do mesmo estado. Veja no mapa a distância, em linha reta, entre essas localidades.

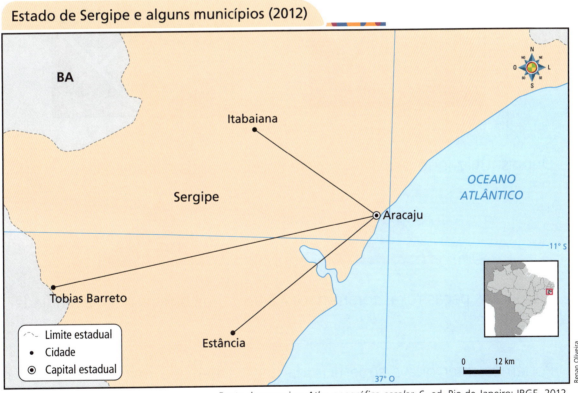

Fonte de pesquisa: *Atlas geográfico escolar*. 6. ed. Rio de Janeiro: IBGE, 2012.

Nesse mapa, cada centímetro corresponde a 12 km na realidade. Realize as medições necessárias com a régua. Depois, calcule e escreva a distância aproximada em linha reta entre Aracaju e:

- Itabaiana.
- Estância.
- Tobias Barreto.

# Estudando medidas de superfície

Estudamos anteriormente unidades de medidas de comprimento. Mas essas unidades não são suficientes para calcular, por exemplo, quanto mede a superfície do chão de uma sala ou da parede que será revestida de cerâmica. Para isso, usamos medidas de superfície, que veremos a seguir.

## Área

Jorge reproduziu, pintou e recortou o tangram em uma malha quadriculada, de acordo com as orientações de seu professor.

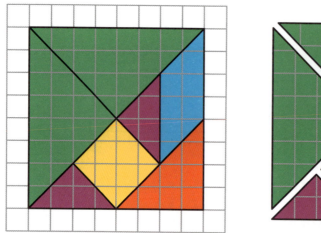 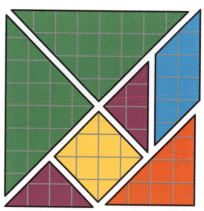

Depois, utilizando peças roxas, ele cobriu a peça alaranjada.

- Quantas peças roxas foram necessárias para cobrir a peça alaranjada?

---

Podemos dizer que a superfície da peça alaranjada mede duas peças roxas, ou seja, a **área** da peça alaranjada é igual à area de duas peças roxas.

> **Área** é a medida de uma superfície.

Para obter a área de uma superfície, usamos outra superfície como unidade de medida e verificamos quantas vezes a unidade cabe na superfície que pretendemos medir. No caso acima, Jorge usou a peça roxa como unidade de medida.

# Pratique e aprenda

**1.** Veja algumas figuras desenhadas na malha quadriculada.

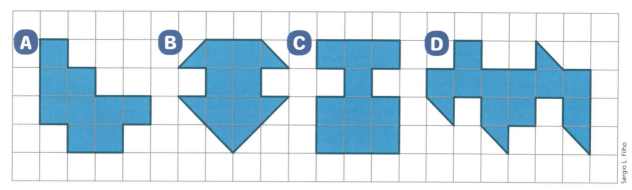

**a.** Considerando o ■ como unidade de medida de superfície, determine a área dessas figuras. _____

**b.** Entre as figuras da malha, quais possuem áreas iguais? _____

**2.** Utilize o ▲ como unidade de medida de superfície e estime a área de cada figura abaixo. Em seguida, determine a área exata de cada figura e compare com sua estimativa.

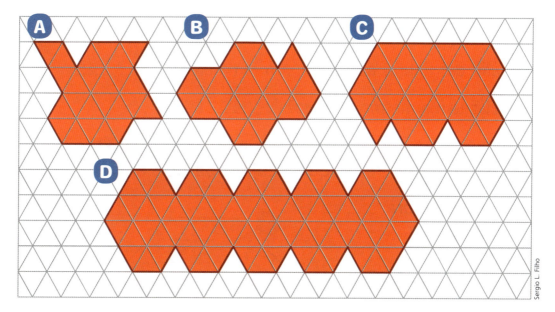

**A** Área estimada: _____ **C** Área estimada: _____

Área exata: _____ Área exata: _____

**B** Área estimada: _____ **D** Área estimada: _____

Área exata: _____ Área exata: _____

**3.** Carolina desenhou algumas figuras em uma malha quadriculada.

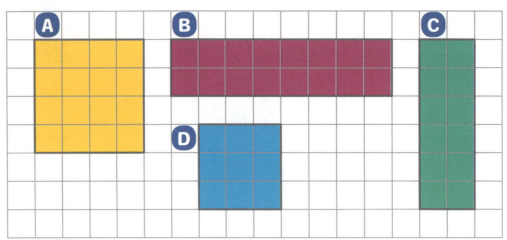

Considerando o | como unidade de medida de comprimento e o ▪ como unidade de medida de superfície, complete o quadro.

|  | A | B | C | D |
|---|---|---|---|---|
| Perímetro | 16 | 20 |  |  |
| Área | 16 |  |  |  |

**a.** Qual figura tem:
- o maior perímetro? _____
- a menor área? _____

**b.** Quais das figuras acima têm a mesma área? _____
- Elas têm o mesmo formato? _____

**4.** Observe as figuras representadas na malha a seguir e, sem contar os quadradinhos, escreva aquela cuja superfície amarela corresponde à metade da figura. _____

**Dica** Considere o ▪ como unidade de medida de superfície.

Agora, determine a área exata e verifique se sua resposta está correta.

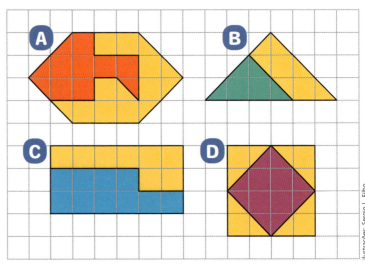

# Usando o grama e o quilograma para medir massas

Quando vão à feira, ao supermercado, ao sacolão ou ao açougue, as pessoas compram produtos, como carne, frutas e legumes, que precisam ser pesados, isto é, colocados em uma balança para medir sua massa. Essa é uma maneira de saber quanto do produto estão comprando.

Entre as unidades padronizadas de medida de massa mais utilizadas em nosso dia a dia estão o **grama** (g) e o **quilograma** (kg).

EM NOSSO COTIDIANO, GERALMENTE AS PESSOAS UTILIZAM A PALAVRA **QUILO** EM VEZ DE **QUILOGRAMA**.

POR FAVOR, EU QUERO 2 QUILOS DE CARNE.

EU QUERO 200 GRAMAS DE PRESUNTO.

EU QUERO MEIO QUILO DE FEIJÃO.

Um quilograma equivale a mil gramas, ou seja:

1 kg = 1 000 g

Ilustrações: Flavio Pereira

• Cite outras situações em que é necessário utilizar uma balança.

## Pratique e aprenda

1. Nas imagens, estão representados alguns produtos que são vendidos em gramas e quilogramas.

Imagens sem proporção entre si.

Cite o nome de outros produtos que você conhece e são vendidos:

- em quilogramas.
- em gramas.

_____   _____

_____   _____

2. Complete as frases com a unidade de medida mais adequada: **g** ou **kg**.

   a. Bruno comeu uma barra de cereal de 25 ____.

   b. Josué transportou uma carga de 1 500 ____ em sua caminhonete.

   c. Na casa de Heitor, são consumidos cerca de 3 ____ de feijão por semana.

   d. Tomas utilizou 2 ____ de farinha para preparar um bolo de aniversário.

   e. Juliana comprou 8 pãezinhos de 50 ____ cada.

3. Entre as medidas indicadas nas fichas, escreva a mais adequada para expressar a massa de cada animal.

**680 kg**  **30 kg**  **9 g**  **4 kg**

Lobo-guará: cerca de 1,70 metro de comprimento.

A

Urso-polar: cerca de 3,40 metros de comprimento.

C

_____

_____

Beija-flor-tesoura: chega a ter 18 centímetros de comprimento.

B

Pinguim-de-magalhães: até 76 centímetros de comprimento.

D

_____

_____

4. Danilo está seguindo as orientações de um nutricionista para emagrecer. Na balança, estão indicados quantos quilogramas ele tem atualmente.

Sabendo que Danilo estava com 85 kg, quantos quilogramas ele emagreceu?

**5.** Juliano comparou a massa de um pacote com cenouras e outro com tomates, usando a mesma balança em dois momentos.

Imagens sem proporção entre si.

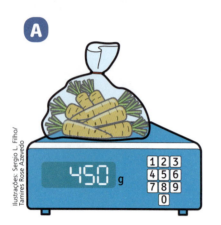
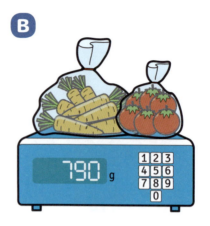

**Dica** O pacote com cenouras do momento **B** é o mesmo pacote do momento **A**.

Escreva qual é a massa do pacote com:

- cenouras. _____
- tomates. _____

**6.** Os objetos abaixo foram guardados em caixas coloridas de mesma massa e colocados em uma balança de dois pratos.

Imagens sem proporção entre si.

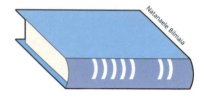

| 640 g relógio | 65 g calculadora | 575 g livro | 56 g bola de tênis |

Observe as balanças e descubra que objeto está guardado em cada caixa. Em seguida, escreva a cor da caixa e o nome do objeto correspondente.

**Dica** Cada caixa contém apenas um objeto.

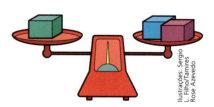

**7.** Gustavo dispôs alguns pesos nos pratos de uma balança para deixá-la em equilíbrio.

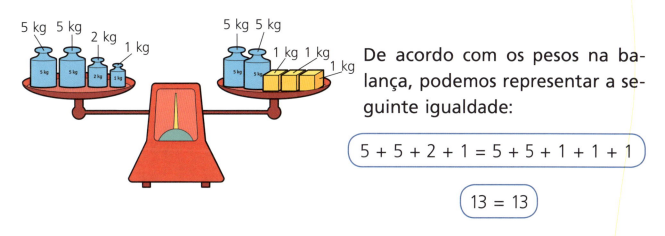

De acordo com os pesos na balança, podemos representar a seguinte igualdade:

5 + 5 + 2 + 1 = 5 + 5 + 1 + 1 + 1

13 = 13

Gustavo retirou 3 kg de cada prato. Isso significa que ele subtraiu três unidades de cada termo da igualdade.

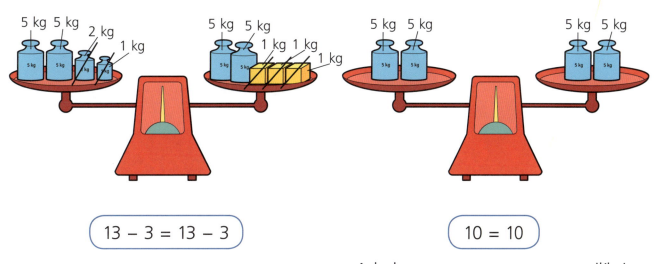

13 − 3 = 13 − 3

10 = 10

A balança permaneceu em equilíbrio.

Agora, escreva uma igualdade para representar o equilíbrio da balança nos momentos a seguir.

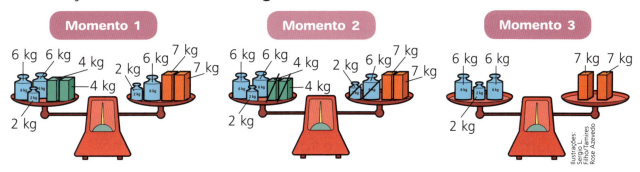

# Usando a tonelada e o miligrama para medir massas

Reciclar é reaproveitar alguns tipos de materiais que descartamos como lixo. O processo de reciclagem recupera e converte esses materiais em outros produtos. A reciclagem é importante para conservar os recursos naturais, economizar energia, entre outros benefícios para o meio ambiente.

No gráfico, está representada a quantidade de lixo reciclável coletada em um município durante um mês.

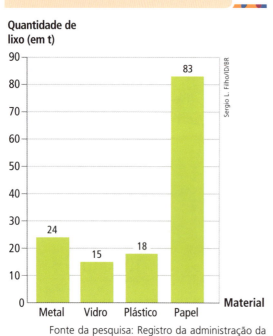

Fonte da pesquisa: Registro da administração da cooperativa de catadores de lixo reciclável.

Coletores de lixo reciclável.

Nesse gráfico, a quantidade de lixo está indicada em **toneladas** (t), que é outra unidade de medida de massa.

Uma tonelada equivale a mil quilogramas, isto é:

$$1 \text{ t} = 1\,000 \text{ kg}$$

1. Quantas toneladas de plástico foram coletadas nesse mês? _____
2. Quantas toneladas de material reciclável foram coletadas ao todo?

Outra unidade de medida de massa utilizada no dia a dia é o **miligrama** (mg).

1 g = 1 000 mg

Essa unidade geralmente é usada como medida em embalagens de remédios.

Nessa embalagem de remédio, está indicada a quantidade, em miligramas, do principal medicamento que compõe cada comprimido.

Também podemos encontrar informações nutricionais na embalagem de produtos que consumimos indicando a quantidade de seus nutrientes em miligramas.

Momento de escolha de uma lata de leite em pó antes da compra.

**INFORMAÇÃO NUTRICIONAL**
Porção de 26 g (2 colheres de sopa)*

| Quantidade por porção | | %VD(**) |
|---|---|---|
| Valor energético | 130 kcal = 546 kJ | 7% |
| Carboidratos | 9,9 g | 3% |
| Proteínas | 6,8 g | 9% |
| Gorduras totais | 7,0 g | 13% |
| Gorduras saturadas | 3,9 g | 18% |
| Gorduras trans | não contém | *** |
| Fibra alimentar | 0 g | 0% |
| Sódio | 95 mg | 4% |
| Cálcio | 246 mg | 25% |
| Ferro | 5 mg | 37% |
| Zinco | 2,4 mg | 34% |
| Vitamina A | 225 µg RE | 38% |
| Vitamina D | 1,8 µg | 36% |
| Vitamina C | 17 mg | 38% |

\* Quantidade suficiente para o preparo de 200 ml.
\*\* % valores diários de referência com base em uma dieta de 2 000 kcal ou 8 400 kJ. Seus valores diários podem ser maiores ou menores dependendo de suas necessidades energéticas. \*\*\* VD não estabelecido.

**3.** A quantidade de cada nutriente apresentado na embalagem é referente a uma porção de quantos gramas de leite em pó? _____

**4.** Uma porção de 52 g tem quantos miligramas de cálcio?

_____

**5.** Uma porção de 78 g tem quantos miligramas de ferro?

## Pratique e aprenda

1. Observe as massas indicadas nos quadros.

   **A** 1 295 kg  **B** 896 kg  **C** 2 940 kg  **D** 4 280 kg

   Agora, escreva em quais quadros está indicada uma massa:
   - maior do que 1 t.
   - entre 2 t e 3 t.
   - menor do que 1 t.

   _____   _____   _____

2. Complete cada frase com a unidade mais adequada: **g**, **kg** ou **t**.

   a. Para fazer uma geleia de amora, Ana usou 250 _____ de açúcar.

   b. Jorge vai transportar em seu caminhão uma carga de 5 _____.

   c. O dicionário de Rodrigo tem, aproximadamente, 1 _____.

   d. Na fase adulta, o elefante africano chega a ter 7 _____ de massa.

3. Quatro amigos vão passear de automóvel. Veja, a seguir, a massa de cada amigo e do automóvel sem carga ou passageiros.

   André 32 kg   Cláudio 90 kg   Ester 70 kg   Ana 55 kg   Automóvel popular 890 kg

   a. Qual passará a ser a massa total do automóvel com essas quatro pessoas dentro dele?

   b. Essa massa será maior ou menor do que uma tonelada? _____

**4.** Otávio quer descobrir a massa de alguns de seus brinquedos com a ajuda de uma balança de dois pratos.

**a.** Sabendo que os carrinhos têm a mesma massa, calcule a massa de cada um deles.

**b.** Qual é a massa do urso de pelúcia, em gramas? E em miligramas?

**5.** Para fazer um tratamento que o médico receitou, Mauro deve tomar 2 comprimidos de 500 mg cada de certo remédio por dia, durante 12 dias. Quantos miligramas do remédio receitado ele deve consumir nesse período?

**6.** Complete com o número que falta.

**a.** 250 mg + _____ = 1 g

**b.** 630 mg + _____ = 1 g

**c.** 1 300 mg + _____ = 2 g

**d.** 1 700 mg + _____ = 3 g

**7.** Alguns animais se destacam por serem muito leves.

Camaleão-folha pigmeu: chega a ter 3 gramas de massa.

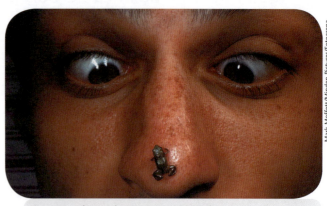

Sapo-pulga: chega a ter 60 miligramas de massa.

**a.** Qual é, em miligramas, a massa do camaleão-folha pigmeu?

**b.** A massa do camaleão-folha pigmeu corresponde, aproximadamente, à massa de quantos sapos-pulga?

### Que curioso!

**Minúsculos animais no mundo de gigantes**

Menor do que muitos insetos e difícil de ser visto por causa do seu tamanho minúsculo, o sapo-pulga é tão pequeno que não passa de 1 cm quando adulto. Perto dele, qualquer pessoa é um gigante. Formigas, aranhas e ácaros servem de alimento para esse curioso animal. A região ainda preservada da Mata Atlântica é o seu hábitat.

# Ponto de chegada

Nesta unidade, estudamos algumas unidades padronizadas de medidas. Vamos recordar? Leia os itens e complete as equivalências.

**a.** O **milímetro**, o **centímetro**, o **metro** e o **quilômetro** são unidades padronizadas de medidas de comprimento.

( _____ cm = 10 mm )   ( 1 m = 100 _____ )   ( 1 km = _____ m )

**b.** Vimos que a **área** é uma medida de superfície.

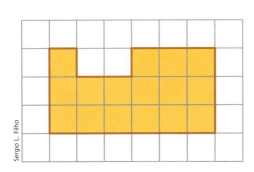

Considere o ▨ como unidade de medida de superfície.

Área: _____ ▨.

**c.** O **miligrama**, o **grama**, o **quilograma** e a **tonelada** são unidades padronizadas de medidas de massa.

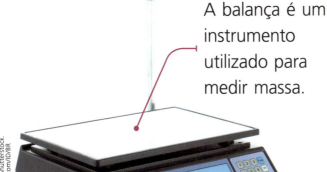

Balança digital.

A balança é um instrumento utilizado para medir massa.

( 1 g = _____ mg )

( _____ kg = 1 000 g )

( 1 t = 1 000 _____ )

# unidade 8
# Frações

Jovem dançando frevo em Olinda, no estado de Pernambuco, em 2017.

## Ponto de partida

1. Em quantas partes o tecido protetor da sombrinha colorida está dividido?

2. Como você faria para representar a quantidade de partes vermelhas em relação ao tecido protetor inteiro da sombrinha desta foto?

# As frações em nosso dia a dia

Elias percebeu que certas informações no dia a dia continham números diferentes dos que ela já conhecia. Observe alguns desses números destacados nas imagens.

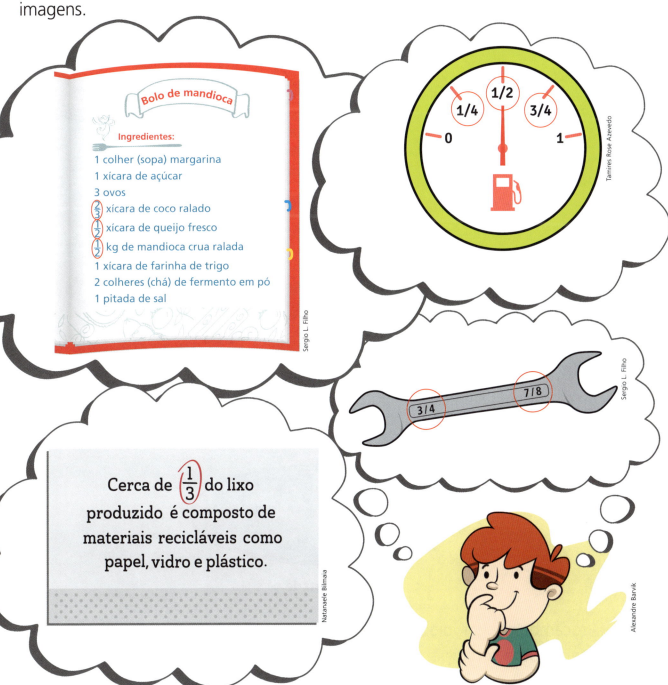

Os números contornados nas imagens são chamados **frações**.

- Cite outras situações, além das apresentadas acima, em que aparecem frações.

# Frações de um inteiro

Para consumir alguns alimentos, Eunice os dividiu em partes iguais.

Maçã.

Laranja.

Rocambole.

Pudim.

Eunice dividiu a maçã em duas partes iguais. Cada parte representa **um meio** ou a **metade** da maçã.

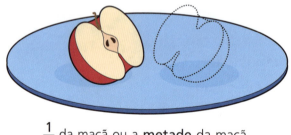

$\frac{1}{2}$ da maçã ou a **metade** da maçã.

O rocambole foi dividido por Eunice em 3 partes iguais. Cada parte representa **um terço** ou a **terça parte** do rocambole.

$\frac{1}{3}$ do rocambole ou a **terça parte** do rocambole.

A laranja foi dividida por Eunice em 4 partes iguais. Cada parte representa **um quarto** ou a **quarta parte** da laranja.

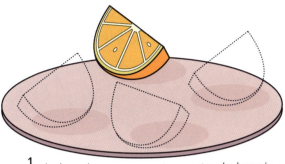

$\frac{1}{4}$ da laranja ou a **quarta parte** da laranja.

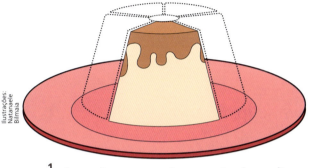

O pudim foi dividido em 5 partes iguais. Cada parte representa **um quinto** ou a **quinta parte** do pudim.

$\frac{1}{5}$ do pudim ou a **quinta parte** do pudim.

## Pratique e aprenda

As figuras das atividades 1 a 5 estão divididas em partes iguais.

**1.** Veja a fração que representa a parte que Laís pintou de azul na figura.

$\frac{1}{4}$ da figura foi pintado de azul.

quantidade de partes pintadas de azul → $\frac{1}{4}$ ← quantidade de partes em que a figura foi dividida

Agora, determine a fração que representa a parte pintada de amarelo em cada figura a seguir.

**A**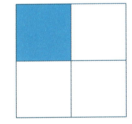

☐ da figura foram pintados de amarelo.

**B**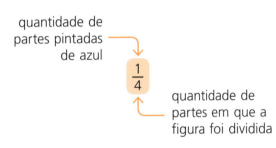

☐ da figura foram pintados de amarelo.

**2.** Complete as frases com o número que falta de acordo com a parte pintada de cada figura.

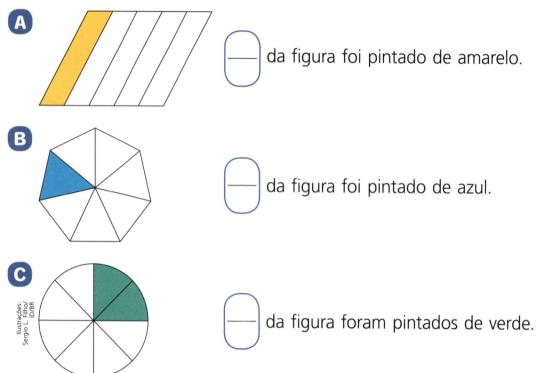

**A** — $\dfrac{\phantom{0}}{\phantom{0}}$ da figura foi pintado de amarelo.

**B** — $\dfrac{\phantom{0}}{\phantom{0}}$ da figura foi pintado de azul.

**C** — $\dfrac{\phantom{0}}{\phantom{0}}$ da figura foram pintados de verde.

**3.** A fração $\dfrac{3}{5}$ (três quintos) representa a parte pintada de verde na figura a seguir.

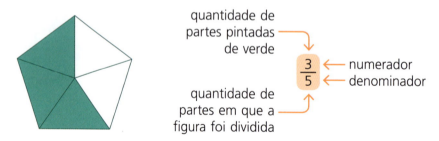

Agora, escreva a fração que representa a parte pintada de verde em cada uma das figuras.

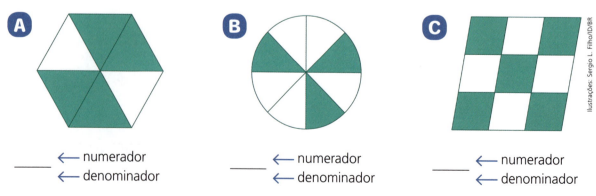

**4.** Escreva a fração que representa a parte pintada de azul em cada figura.

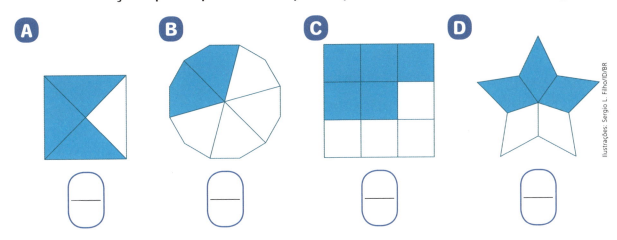

**5.** Escreva a fração que representa a parte pintada de amarelo e de azul em cada figura.

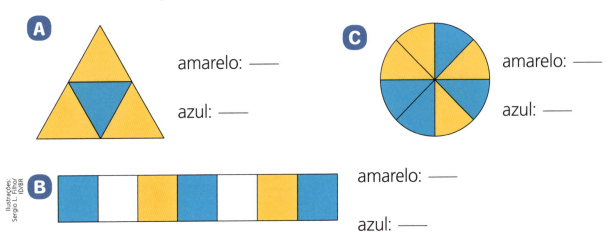

**6.** A figura a seguir está dividida em 100 partes iguais.

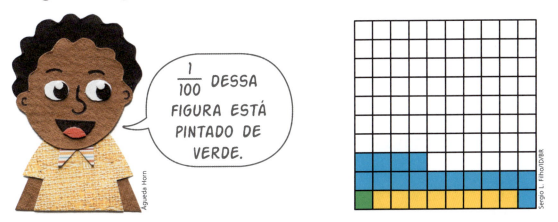

$\frac{1}{100}$ DESSA FIGURA ESTÁ PINTADO DE VERDE.

Que fração representa a parte da figura que está pintada de:

- amarelo?
- azul?

**Aprenda mais!**

O *site Smart Kids* apresenta jogos e atividades que podem ajudá-lo a compreender melhor o conteúdo estudado. Acesse a categoria Jogos dominó desse *site*, associe cada figura a uma fração e se divirta completando a sequência no Jogo de dominó das frações.

<http://www.smartkids.com.br/>
Acesso em: 9 jan. 2018.

Página de abertura do *site Smart Kids*.

**7.** Veja como realizamos a leitura das frações com denominador:

- menor do que 10.

$\dfrac{1}{2}$ Um **meio**.   $\dfrac{2}{4}$ Dois **quartos**.   $\dfrac{4}{6}$ Quatro **sextos**.   $\dfrac{5}{8}$ Cinco **oitavos**.

$\dfrac{2}{3}$ Dois **terços**.   $\dfrac{1}{5}$ Um **quinto**.   $\dfrac{3}{7}$ Três **sétimos**.   $\dfrac{7}{9}$ Sete **nonos**.

- 10, 100, 1 000, ...

$\dfrac{4}{10}$ Quatro **décimos**.   $\dfrac{23}{100}$ Vinte e três **centésimos**.   $\dfrac{183}{1\,000}$ Cento e oitenta e três **milésimos**.

Nas demais frações, lemos o numerador e o denominador seguidos da palavra **avos**.

$\dfrac{7}{14}$ Sete quatorze **avos**.   $\dfrac{9}{32}$ Nove trinta e dois **avos**.   $\dfrac{71}{3\,000}$ Setenta e um três mil **avos**.

Agora, escreva como se lê cada uma das frações.

**A** $\dfrac{7}{19}$ _____

**C** $\dfrac{9}{1\,000}$ _____

**B** $\dfrac{60}{2\,000}$ _____

**D** $\dfrac{5}{8}$ _____

**8.** Escreva uma fração para representar a parte ocupada pela água em cada um dos recipientes, com algarismos e por extenso.

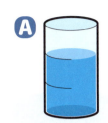 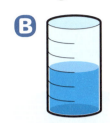 

**9.** O professor Aroldo indicou algumas frações em uma reta numérica, destacando a unidade em vermelho e a dividindo em cinco partes iguais.

Agora, indique na reta numérica cada uma das frações.

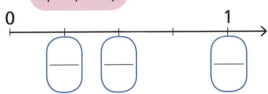

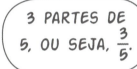

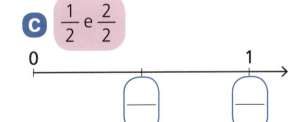

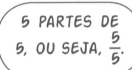

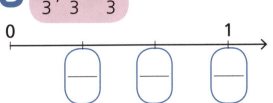

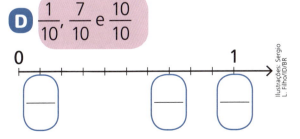

# Fração de uma quantidade

Veja os balões que Silmara está segurando.

Três dos dez balões que Silmara está segurando são azuis. Assim, podemos dizer que $\frac{3}{10}$ desses balões são azuis.

$\frac{3}{10}$ ← quantidade de balões azuis
← total de balões

**a.** Entre os balões que Silmara está segurando, quantos são:

- vermelhos? _____
- verdes? _____

**b.** Que fração do total de balões indica a quantidade de balões:

- vermelhos? _____
- verdes? _____

## Pratique e aprenda

**1.** Escreva que fração representa a quantidade de brinquedos azuis em cada quadro.

　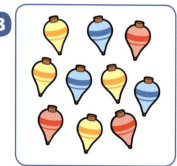　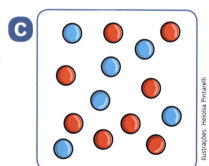

**2.** Observe as figuras que Guilherme representou no quadro.

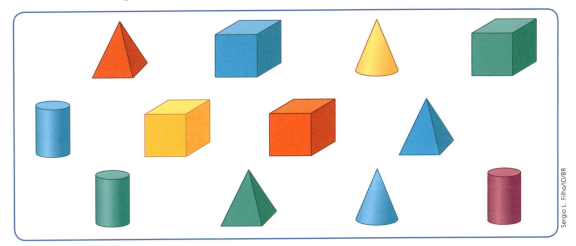

a. Uma dessas figuras corresponde a que fração do total de figuras? ☐

b. Nesse quadro, há quatro cubos. Essa quantidade corresponde a que fração do total de figuras? ☐

c. Os cones representam que fração do total de figuras? ☐

**3.** Ligue cada informação à fração adequada.

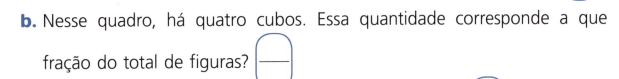

Lauro tem 9 pares de calçados. Desses calçados, 5 pares são de tênis.

$\dfrac{3}{5}$

Adelaide ganhou um arranjo com 8 flores, das quais 5 eram lírios.

$\dfrac{5}{8}$

Em uma bandeja há 7 copos, dos quais 3 estão vazios.

$\dfrac{5}{9}$

O time da escola venceu o jogo por 5 a zero. Cléber marcou 3 desses gols.

$\dfrac{3}{7}$

# Comparação de frações

Para comparar as frações $\frac{2}{7}$ e $\frac{4}{7}$, Carlos utilizou figuras de mesmo formato e tamanho e as dividiu em partes iguais.

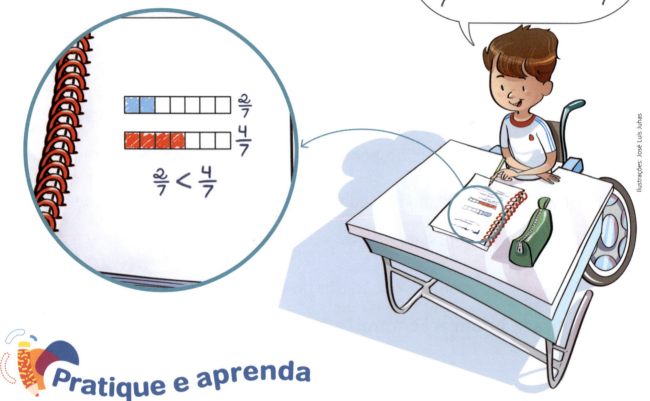

> COMO A PARTE PINTADA EM AZUL É MENOR DO QUE A PARTE PINTADA EM VERMELHO, CONCLUÍMOS QUE $\frac{2}{7}$ É MENOR DO QUE $\frac{4}{7}$.

## Pratique e aprenda

**1.** De maneira semelhante à de Carlos, compare as frações usando os símbolos < ou >.

a. $\frac{3}{8}$ ____ $\frac{4}{8}$

b. $\frac{5}{6}$ ____ $\frac{3}{6}$

**2.** Juliana, Maurício e Pedro participaram de uma corrida de rua. Juliana correu $\frac{2}{9}$ do trajeto, Maurício correu $\frac{5}{9}$ do trajeto e Pedro correu $\frac{8}{9}$ do trajeto. Quem correu a maior distância?

**3.** Camila colocou água em alguns recipientes de mesmo formato e tamanho e escreveu uma fração para representar a parte ocupada de água em cada um deles.

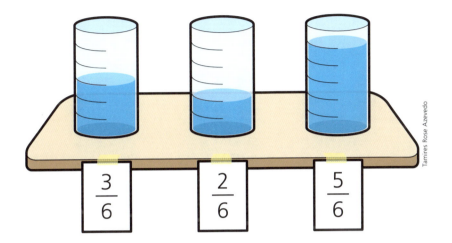

Compare essas quantidades e complete a sentença utilizando os símbolos < ou >.

$$\frac{2}{6} \underline{\phantom{<}} \frac{3}{6} \underline{\phantom{<}} \frac{5}{6}$$

**4.** Veja como Jorge organizou algumas frações em uma reta numérica.

0  $\frac{1}{12}$  $\frac{2}{12}$  $\frac{3}{12}$  $\frac{4}{12}$  $\frac{5}{12}$  $\frac{6}{12}$  $\frac{7}{12}$  $\frac{8}{12}$  $\frac{9}{12}$  $\frac{10}{12}$  $\frac{11}{12}$  1

Com a representação que ele fez, podemos comparar as frações.

- $\frac{4}{12}$ vem antes de $\frac{6}{12}$. Assim, $\frac{4}{12} < \frac{6}{12}$.

- $\frac{8}{12}$ vem depois de $\frac{3}{12}$. Assim, $\frac{8}{12} > \frac{3}{12}$.

Agora, com o auxílio da reta numérica que Jorge representou, compare as frações usando os símbolos <, > ou =.

**a.** $\frac{8}{12} \underline{\phantom{<}} \frac{4}{12}$     **c.** $\frac{2}{12} \underline{\phantom{<}} 0$     **e.** $\frac{7}{12} \underline{\phantom{<}} \frac{9}{12}$

**b.** $\frac{6}{12} \underline{\phantom{<}} \frac{6}{12}$     **d.** $\frac{10}{12} \underline{\phantom{<}} 1$     **f.** $\frac{4}{12} \underline{\phantom{<}} \frac{3}{12}$

**5.** Complete a reta numérica representada abaixo com as frações que estão nas fichas.

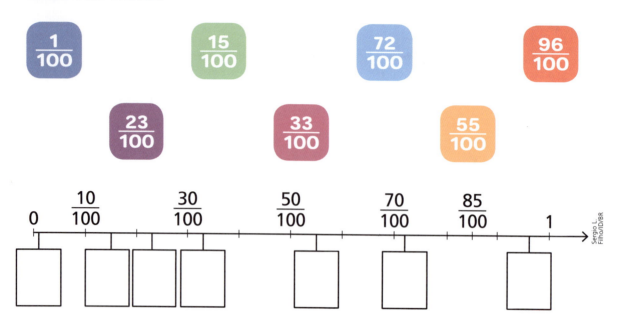

**6.** Em uma prova de Matemática, Rafaela acertou $\frac{7}{9}$ das questões e Lívia acertou $\frac{8}{9}$. Qual delas acertou mais questões? Por quê?

_____

**7.** Rogério, Leandro e Lucas colecionam figurinhas. Lucas tem 40 figurinhas, Leandro tem $\frac{10}{40}$ dessa quantidade e Rogério tem $\frac{25}{40}$.

**a.** Quem tem mais figurinhas:
- Lucas ou Leandro?

_____

- Leandro ou Rogério?

_____

- Rogério ou Lucas?

_____

**b.** Escreva a quantidade de figurinhas de Rogério e Leandro e verifique se a resposta do item **a** está correta.

_____

# Ponto de chegada

Nesta unidade, estudamos algumas ideias relacionadas às frações. Responda o que se pede e complete o que falta nos itens.

**a.** Representamos a parte pintada de uma figura utilizando frações.

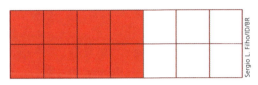

- Foram pintados de vermelho ▢ da figura.

- O numerador indica as partes pintadas de _____

  e o _____ indica a quantidade de partes em que a figura foi dividida.

**b.** Indicamos frações de uma quantidade.

**c.** Vimos como se leem frações.

$\dfrac{12}{100}$ _____   $\dfrac{13}{25}$ _____

**d.** Comparamos frações usando figuras e a reta numérica.

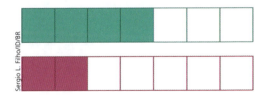

- Como a parte pintada em verde é maior do que a parte pintada em roxo, concluímos que:

  $\dfrac{4}{7}$ ___ $\dfrac{2}{7}$

- De acordo com essa representação, $\dfrac{4}{7}$ é maior ou menor do que $\dfrac{2}{7}$?

  _____

# unidade 9
## Figuras geométricas planas

Menino empinando pipa no campo.

### Ponto de partida

1. Você já viu pipas com formato diferente da que aparece na foto? Como elas eram?

2. Faça desenhos no caderno para representar a pipa que aparece na foto e pipas com outros formatos.

# Figuras geométricas planas

Nesta unidade, vamos ampliar o estudo sobre as figuras geométricas planas e observar algumas características importantes delas.

## Segmentos de reta

Ciro desenhou os pontos A e B em uma folha de papel e, com o auxílio de uma régua, os ligou.

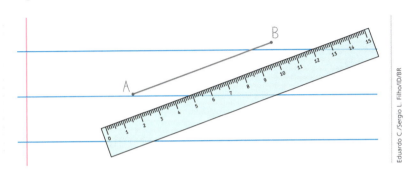

Ao ligar os pontos A e B, Ciro traçou um **segmento de reta**. Os pontos A e B são as extremidades desse segmento. Indicamos esse segmento por $\overline{AB}$ ou $\overline{BA}$.

Observe alguns segmentos de reta.

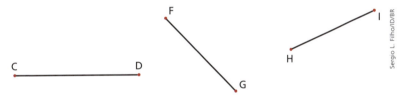

- Quais são as extremidades dos segmentos apresentados?

## Pratique e aprenda

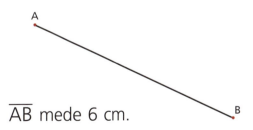

1. Com o auxílio de uma régua, Felipe determinou o comprimento de um segmento de reta.

$\overline{AB}$ mede 6 cm.

Determine o comprimento dos segmentos de reta a seguir, de maneira semelhante à de Felipe.

**2.** Utilizando um programa computacional, Ana desenhou algumas linhas. Veja o que ela está dizendo.

Uma linha formada apenas por segmentos de reta é chamada **linha poligonal**. Ela pode ser **simples**, se os segmentos não se cruzarem, ou **não simples**, se houver segmentos que se cruzam. Além disso, ela pode ser **aberta** ou **fechada**.

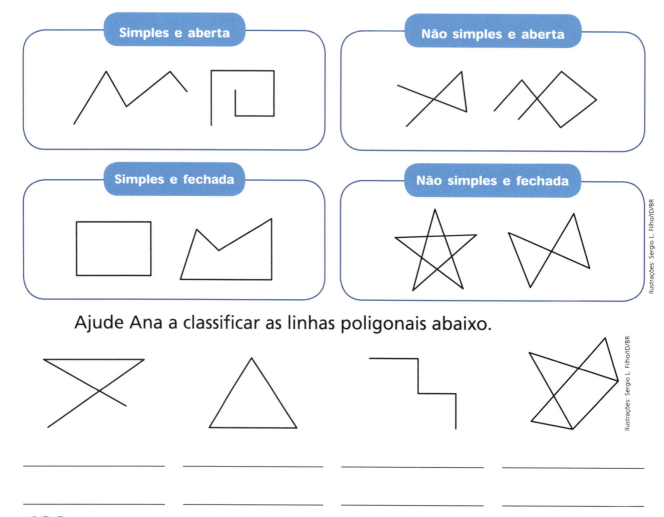

Ajude Ana a classificar as linhas poligonais abaixo.

# Polígonos

A professora distribuiu um bloco de madeira para cada aluno. Em seguida, ela pediu a cada um deles que desenhasse o contorno de uma das faces do bloco.

Veja os desenhos obtidos por alguns alunos.

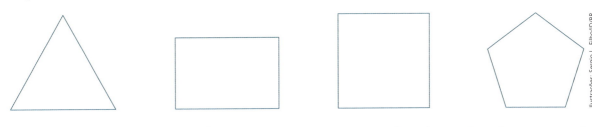

**1.** Os blocos que a professora entregou a cada aluno lembram quais figuras geométricas espaciais?

_____

_____

**2.** Quais figuras geométricas planas os alunos desenharam?

_____

As figuras geométricas que os alunos desenharam anteriormente são chamadas **polígonos**.

> Um polígono é uma linha poligonal simples e fechada.

A palavra **polígono** também pode ser utilizada para se referir à figura formada pela linha poligonal simples e fechada com o seu interior.

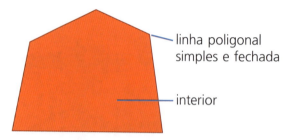

Veja alguns exemplos de **polígonos** e de **não polígonos**.

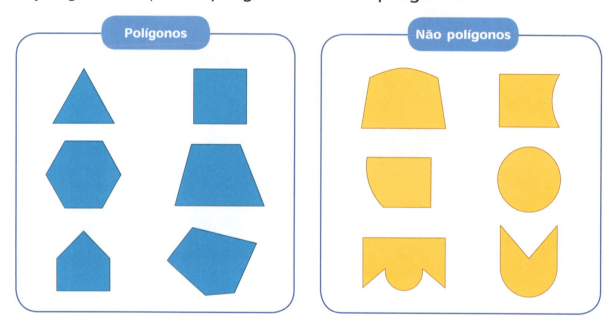

Os segmentos de reta são os **lados** do polígono e o encontro de dois lados é o **vértice**.

Todo polígono possui lados e vértices.

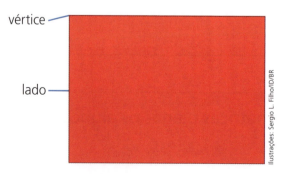

# Pratique e aprenda

**1.** Entre as figuras abaixo, marque com um **X** as que são polígonos.

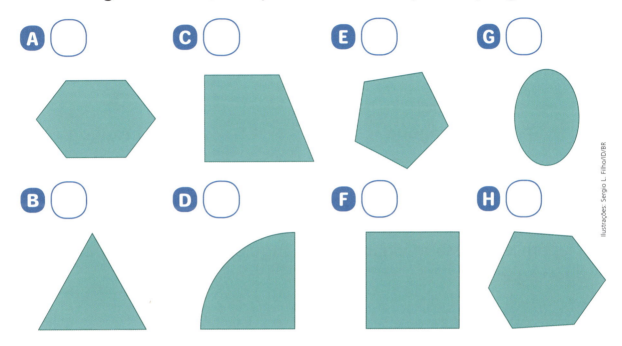

**2.** Escreva a quantidade de lados e de vértices de cada um dos polígonos.

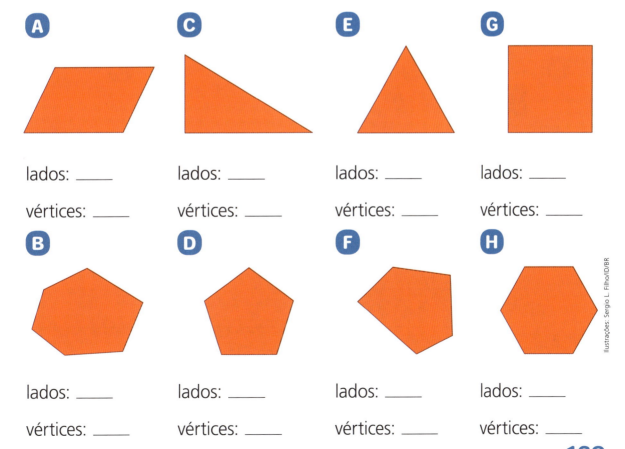

3. Alguns polígonos recebem um nome de acordo com a quantidade de lados que têm. Nas etiquetas, estão indicados os nomes e a quantidade de lados de alguns deles.

nome: **triângulo**
quantidade de lados: **3**

nome: **quadrilátero**
quantidade de lados: **4**

nome: **pentágono**
quantidade de lados: **5**

nome: **hexágono**
quantidade de lados: **6**

Volte à atividade **2** da página anterior e classifique os polígonos que aparecem nessa atividade em triângulo, quadrilátero, pentágono ou hexágono.

_____

_____

4. Júlio desmontou algumas embalagens que estavam em sua casa. As figuras a seguir representam planificações dessas embalagens.

**A** 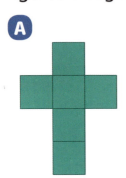  **B** 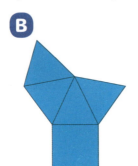  **C** 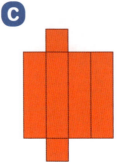  **D**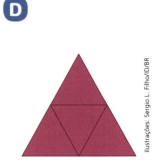

a. Essas planificações correspondem a quais figuras geométricas espaciais?

_____

_____

b. Quais figuras geométricas planas você identifica na planificação:

- A? _____
- B? _____
- C? _____
- D? _____

# Matemática na prática

Usando oito palitos, Jackson fez a montagem representada abaixo. Depois, ele deslocou quatro palitos e obteve um quadrado nessa montagem.

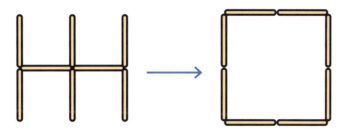

Agora, recorte os palitos da página **249**. Em seguida, usando 12 palitos, faça como Jackson e construa uma montagem semelhante à apresentada abaixo.

- Quantos triângulos estão representados nessa montagem? _____

Retire dois palitos para que fiquem representados quatro triângulos.

**5.** Observe a construção de Yago utilizando canudos.

CONSIGO IDENTIFICAR CINCO TRIÂNGULOS NESSA CONSTRUÇÃO.

Agora, observe outras construções de Yago e escreva quantos triângulos você consegue identificar em cada uma delas.

 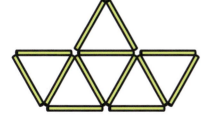

 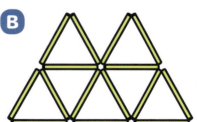

_____   _____

**6.** Classifique, quanto à quantidade de lados, as figuras geométricas planas que você pode imaginar ao observar as imagens abaixo.

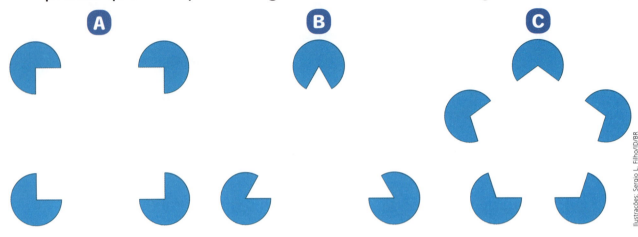

A _____  B _____  C _____

## Matemática na prática

Usando fitas de papel e tesoura com pontas arredondadas, Paulo realizou a seguinte experiência.

**1º** Paulo recortou uma fita de papel com cerca de 25 centímetros de comprimento e 3 centímetros de largura. Depois, ele entrelaçou essa fita para formar um nó, conforme a imagem.

**2º** Em seguida, ele apertou o nó com cuidado, até obter uma dobradura que lembra uma figura geométrica plana.

**3º** Por fim, Paulo recortou as sobras.

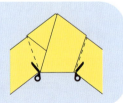

Complete a frase.

A dobradura que Paulo obteve lembra um _____.

# Figuras simétricas

Na África do Sul, vive um povo chamado Ndebele. Para deixar suas moradias coloridas e alegres, as mulheres dessa pequena tribo pintam suas casas com figuras variadas.

Pintura da fachada de uma casa da tribo Ndebele, na África do Sul, em 2014.

• O que você observa de interessante nessa pintura?

Para criar essa pintura, a moradora da casa usou a ideia de simetria.

A figura abaixo representa a pintura de uma das paredes da casa. Essa figura é **simétrica**. A linha em verde ao longo da figura representa seu **eixo de simetria**.

O eixo de simetria é a linha que divide uma figura simétrica em duas partes espelhadas.

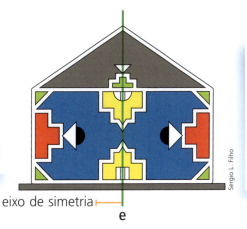

eixo de simetria

Quando uma figura simétrica é dobrada ao longo do eixo de simetria, suas partes se sobrepõem, ou seja, uma fica exatamente sobre a outra.

## Pratique e aprenda

**1.** Além da figura da página anterior, a simetria está presente em diversas situações, como elementos da natureza, objetos, construções e Arte. Cite outros elementos ou objetos do dia a dia em que podemos observar simetria.

_____

_____

**2.** Marque com um **X** as figuras simétricas em relação ao eixo.

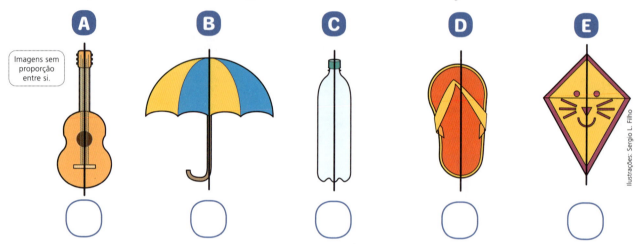

**3.** Algumas figuras possuem mais do que um eixo de simetria. Observe alguns exemplos.

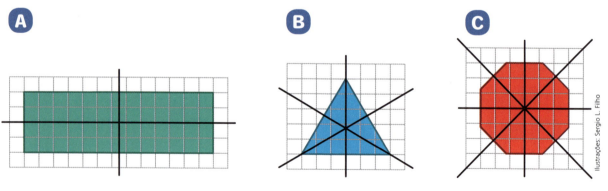

**a.** Quais são as figuras que possuem eixo de simetria vertical?

_____

**b.** Entre as figuras acima, quais possuem eixo de simetria horizontal?

_____

**c.** Qual dessas figuras possui somente dois eixos de simetria? _____

**4.** Associe os pares de figuras de modo que, ao encaixá-los, seja possível formar figuras simétricas. Para isso, escreva os pares de letras correspondentes.

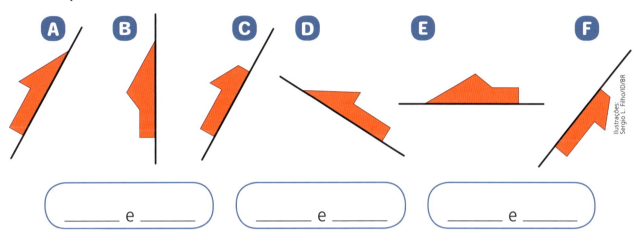

_____ e _____      _____ e _____      _____ e _____

## Matemática na prática

Veja como Olívia construiu a representação de uma figura simétrica por meio de recorte e dobradura.

**1º**
Olívia dobrou uma folha de papel ao meio.

**2º**
Em uma parte da folha, ela desenhou uma figura.

**3º**
Depois, Olívia recortou o contorno do desenho.

**4º**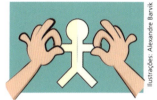
Por fim, ela desdobrou a folha, obtendo a representação de uma figura simétrica.

Agora, escolha um dos itens a seguir e realize os mesmos passos de Olívia para obter a representação de uma figura simétrica. Você também pode criar outras figuras à sua escolha.

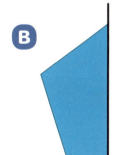
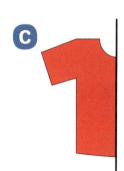

# Simétrica de uma figura

Observe como Paula desenhou triângulos simétricos em uma malha quadriculada.

**1º** Paula desenhou os pontos **A**, **B** e **C** e os ligou com uma régua para obter um triângulo. Em seguida, pintou a figura e traçou um eixo de simetria, como mostra a imagem.

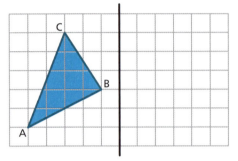

Os pontos **A**, **B** e **C** são os vértices do triângulo.

**3º** De maneira semelhante ao ponto **D**, Paula determinou os pontos simétricos aos outros vértices do triângulo.

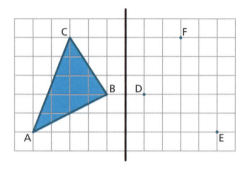

**2º** Depois, ela desenhou um ponto **D** simétrico ao vértice **B** em relação ao eixo, deixando-os à mesma distância do eixo, neste caso, 1 unidade.

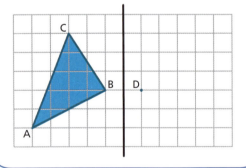

**4º** Por fim, usando uma régua, Paula ligou os pontos **D**, **E** e **F**, obtendo um triângulo simétrico ao triângulo inicial em relação ao eixo.

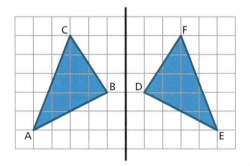

Ao construir a simétrica de uma figura, Paula obteve figuras congruentes.

- Desenhe a simétrica da figura apresentada ao lado.

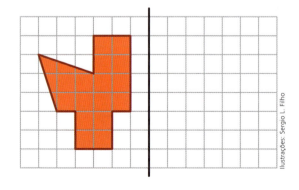

**176** Cento e setenta e seis

# Pratique e aprenda

**1.** Observe as figuras abaixo e escreva quais delas são simétricas em relação ao eixo.

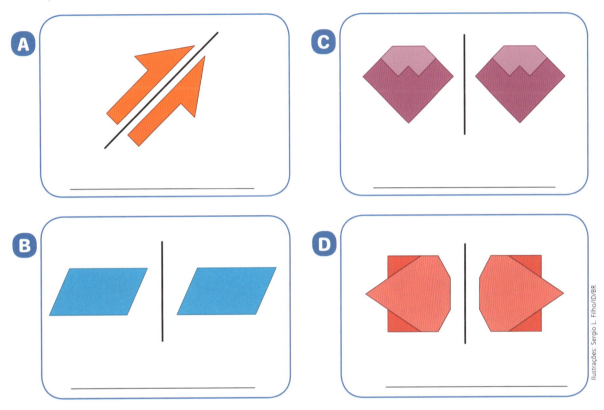

**2.** Felipe montou um cubo usando um molde e, depois, posicionou-o já montado em frente a um espelho, como mostram as imagens. Note que o reflexo das faces está oculto.

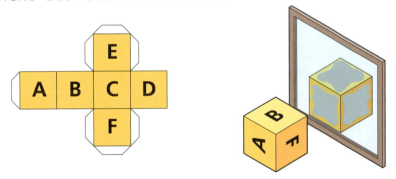

Marque com um **X** a figura que representa o cubo refletido no espelho.

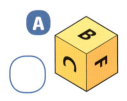 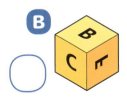 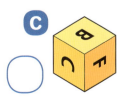 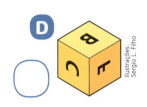

# Matemática na prática

Isadora construiu figuras congruentes dobrando e recortando papel.

Isadora dobrou uma folha de papel ao meio.

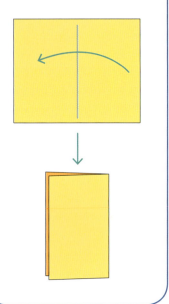

Depois, ela fez o contorno de um desenho e o recortou, conforme indicado.

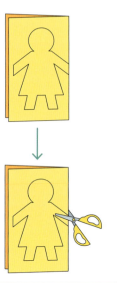

**3º** Por fim, ela abriu a folha.

As duas figuras obtidas são congruentes.

Escolha um dos itens a seguir e realize os mesmos passos de Isadora para obter figuras congruentes. Você também pode criar outras figuras à sua escolha.

**A**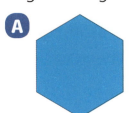

**B**

**C**

## Aprenda mais!

Você já brincou com o espelho? Ele é muito divertido, reflete qualquer coisa invertendo tudo. Nesse livro, descobrimos muitos outros elementos que possuem simetria.

*Brincando com o espelho*, de Nílson José Machado. São Paulo: Scipione, 2003 (Coleção Histórias de contar).

# Ponto de chegada

Nesta unidade, estudamos algumas ideias relacionadas a figuras planas.

**a.** Classificamos figuras geométricas planas em **polígonos** ou **não polígonos**.

Qual dos quadros a seguir apresenta exemplos de polígonos?

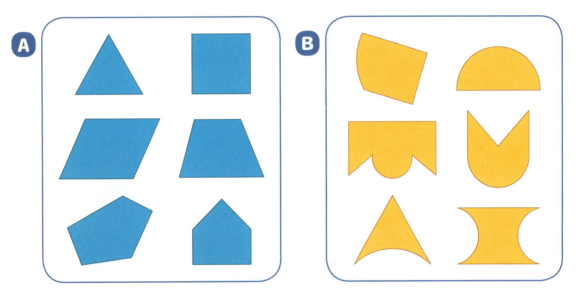

**b.** Nomeamos um polígono conforme a quantidade de lados que ele possui.

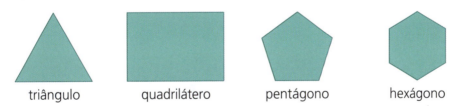

Quantos lados tem um hexágono? _____

**c.** Identificamos figuras simétricas e a simétrica de uma figura.

Esse pentágono é simétrico em relação ao eixo.

Nesse exemplo, os triângulos são simétricos em relação ao eixo.

# unidade 10
## Retas e ângulos

Avião em momento de decolagem na pista de um aeroporto.

### Ponto de partida

1. Você acha que as faixas laterais da pista de pouso se cruzam?

2. Quais elementos da pista apresentada na foto poderão ser utilizados para auxiliar o piloto ao pousar um avião?

# Estudando retas

Observe o que a professora está dizendo.

A reta que a professora traçou na lousa será indicada por $\overleftrightarrow{AB}$ ou ainda por uma letra minúscula do nosso alfabeto, por exemplo, r.

- Marque os pontos **A**, **B**, **C**, **D**, **E** e **F**, de maneira que eles não estejam todos alinhados.

  Em seguida, utilizando uma régua, trace $\overleftrightarrow{AC}$, $\overleftrightarrow{BD}$ e $\overleftrightarrow{EF}$.

## Pratique e aprenda

**1.** Observe as retas que foram traçadas ao lado.

a. Quais dessas retas passam pelo ponto **C**? _____

b. Em qual ponto a reta **r** cruza com a reta **s**? _____

c. Quais dessas retas se cruzam no ponto **E**? _____

**2.** Observe as retas que Luísa representou na malha quadriculada.

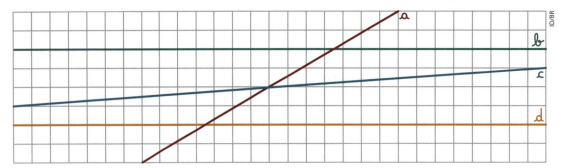

 A reta **a** cruza a reta **c** e a reta **d** em pontos diferentes. Nesse caso, dizemos que a reta **a** é **transversal** às retas **c** e **d**.

 As retas **a** e **b** se cruzam em um único ponto. Nesse caso, dizemos que as retas **a** e **b** são **concorrentes**.

 As retas **b** e **d** não se cruzam, ou seja, elas não têm ponto em comum e permanecem sempre à mesma distância uma da outra. Nesse caso, dizemos que as retas **b** e **d** são **paralelas**.

Agora, observe a imagem que representa parte de um bairro.

Considerando as ruas como se fossem retas, escreva o nome de uma rua:

- paralela à rua Pará.

_____

- concorrente à rua Rio de Janeiro.

_____

- transversal às ruas Mato Grosso e Brasil.

_____

**3.** Observe o desenho que a professora fez na lousa.

Nomeamos a semirreta que a professora traçou na lousa por $\overrightarrow{AB}$.

Nomeie as semirretas a seguir.

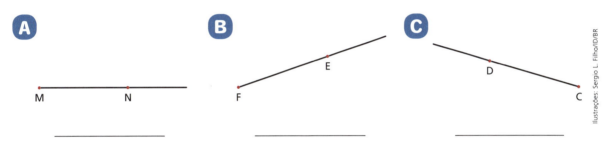

A _____  B _____  C _____

**4.** Identifique uma reta e uma semirreta na figura abaixo.

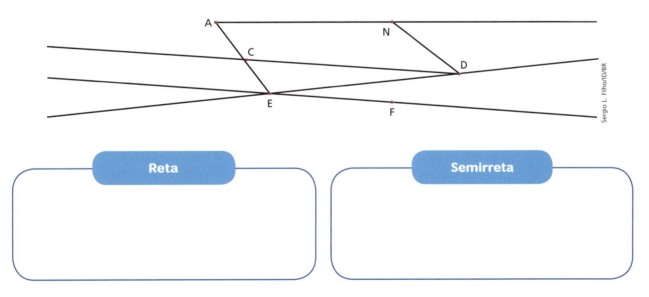

| Reta | Semirreta |
|---|---|
|  |  |

**5.** Trace em seu caderno as semirretas indicadas a seguir.

a. $\overrightarrow{BC}$   b. $\overrightarrow{MN}$   c. $\overrightarrow{OP}$   d. $\overrightarrow{RS}$

# Estudando ângulos

A professora levou uma cadeira giratória para a sala de aula. Em seguida, ela pediu a Lúcia que se sentasse na cadeira de frente para a lousa e realizasse alguns giros à esquerda.

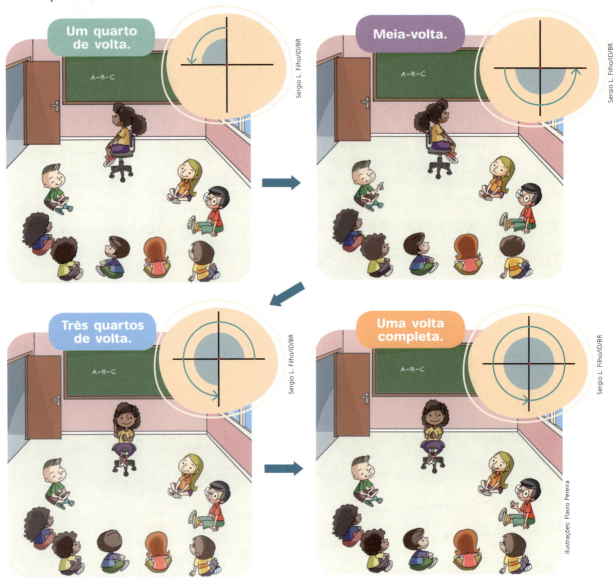

Cada um dos giros realizados por Lúcia dá ideia de ângulo. Veja a seguir outras situações que dão ideia de **ângulo**.

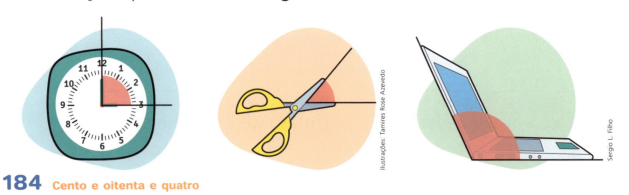

Um ângulo é uma figura formada por duas semirretas com mesma origem.

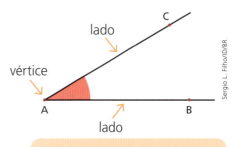

Observe ao lado a representação de um ângulo e seus elementos.

As semirretas $\vec{AB}$ e $\vec{AC}$ são os lados desse ângulo e a origem é o vértice **A**.

Indicamos esse ângulo por **Â**, **BÂC** ou **CÂB**.

## Pratique e aprenda

**1.** Observe os ângulos e complete com as informações que faltam.

**A**

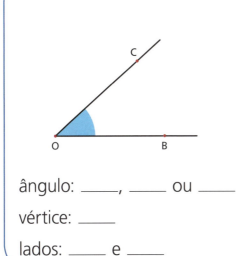

ângulo: _____, _____ ou _____

vértice: _____

lados: _____ e _____

**C**

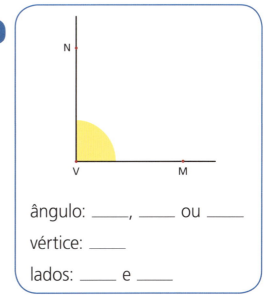

ângulo: _____, _____ ou _____

vértice: _____

lados: _____ e _____

**B**

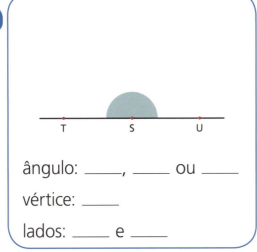

ângulo: _____, _____ ou _____

vértice: _____

lados: _____ e _____

**D**

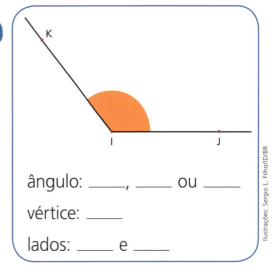

ângulo: _____, _____ ou _____

vértice: _____

lados: _____ e _____

# Matemática na prática

O ângulo que corresponde ao giro de $\frac{1}{4}$ de volta é chamado **ângulo reto**.

Utilizando uma folha de papel, construa um instrumento para identificar e desenhar ângulos retos.

 Dobre uma folha de papel como mostra a imagem.
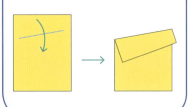

 Dobre novamente de maneira que as dobras se sobreponham.
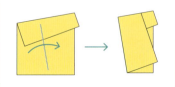

 Um dos ângulos obtidos nessa construção é reto.

Veja como Mariana utilizou esse instrumento para medir os ângulos de um triângulo.

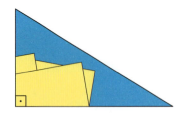

**Dica** Usamos o símbolo ⌐ para indicar o ângulo reto.

**a.** Agora, utilizando a sua construção, verifique quais dos ângulos são retos. Em seguida, marque-os com **X**.

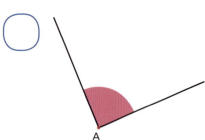
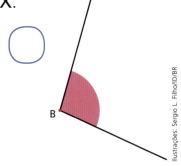

**b.** Junte-se a um colega e identifiquem os ângulos retos que estão à sua volta.

_____

_____

**2.** A unidade de medida utilizada para medir ângulos é o **grau**, que é indicado pelo símbolo °.

O grau surgiu a partir da divisão de um círculo em 360 partes iguais. Dessa forma, uma volta completa tem 360 graus, ou seja, 360°.

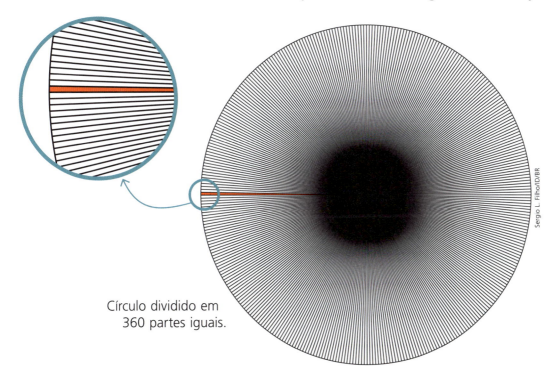

Círculo dividido em 360 partes iguais.

**a.** Quantos graus tem o ângulo correspondente a:

- $\frac{1}{4}$ de volta?
- $\frac{1}{2}$ volta?
- $\frac{1}{3}$ de volta?

**b.** Uma volta completa corresponde a um ângulo de quantos graus? _____

**3.** Cada círculo abaixo foi dividido em partes iguais. Escreva a medida do ângulo destacado em azul em cada um deles.

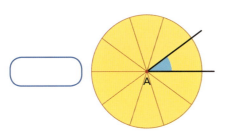
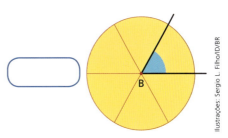

**4.** O **transferidor** é um instrumento utilizado para medir ângulos. Observe dois modelos de transferidor.

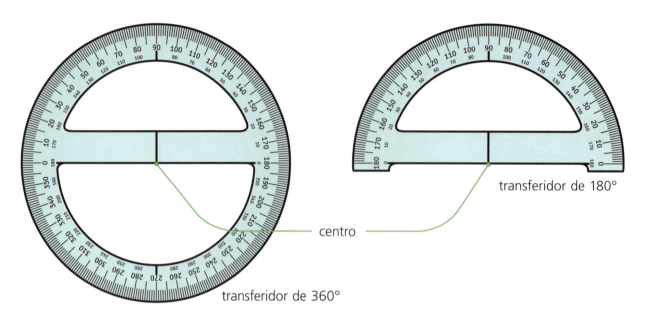

transferidor de 180°

centro

transferidor de 360°

Para medir um ângulo utilizando esse instrumento, colocamos o centro do transferidor sobre o vértice do ângulo, de forma que a linha marcada com o zero coincida com um dos lados do ângulo. Veja a imagem ao lado.

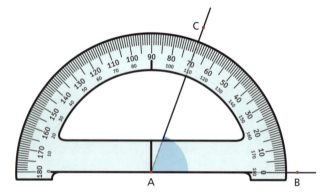

O outro lado do ângulo indica a medida desse ângulo que, nesse caso, é 70°, ou seja, Â = 70°.

Agora, determine a medida de cada ângulo a seguir.

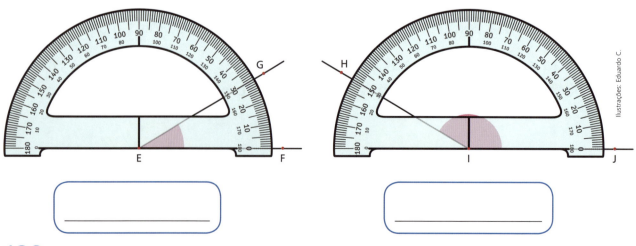

**5.** Podemos classificar os ângulos de acordo com suas medidas.

Quando a medida de um ângulo é igual a 90°, ele é chamado ângulo **reto**.

Quando a medida de um ângulo é igual a 180°, ele é chamado ângulo **raso**.

Quando a medida de um ângulo é maior do que 0° e menor do que 90°, ele é chamado ângulo **agudo**.

Quando a medida de um ângulo é maior do que 90° e menor do que 180°, ele é chamado ângulo **obtuso**.

**a.** Utilizando um transferidor, meça os ângulos abaixo e escreva a medida de cada um deles.

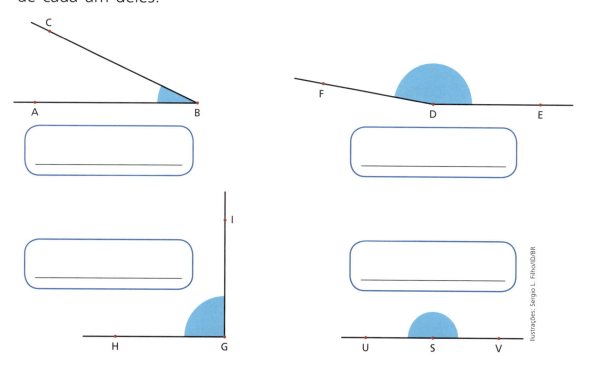

**b.** Classifique os ângulos acima em **agudo**, **reto**, **obtuso** ou **raso**.

**6.** Observe dois esquadros que Paulo ganhou em uma gincana na escola.

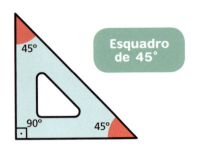
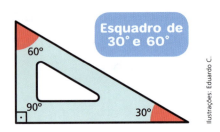

Utilizando esses esquadros, é possível construir um ângulo de 75°.

**1º**

Utilizando o esquadro de 30° e 60°, trace um dos lados do ângulo.

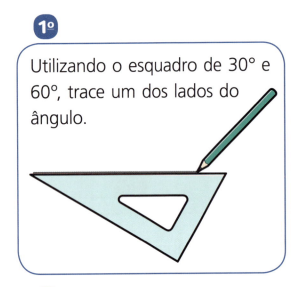

**3º**

Trace o outro lado do ângulo.

**2º**

Apoie o esquadro de 45° no de 30° e 60°, como mostra a imagem.

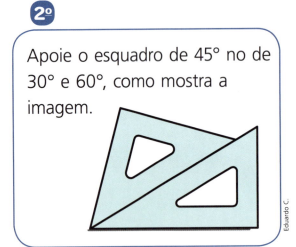

**4º**

Pinte o ângulo construído para indicá-lo.

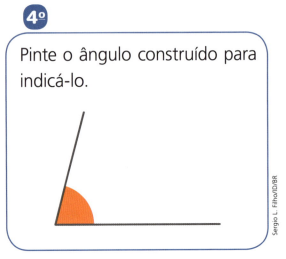

O ângulo construído é agudo, reto ou obtuso? _____

## Para fazer juntos!

Junte-se a um colega e, usando esquadros, construa em seu caderno um ângulo obtuso e outro agudo.

**7.** Classifique os ângulos destacados nas figuras em **reto**, **agudo** ou **obtuso**.

Se necessário, meça os ângulos utilizando um transferidor.

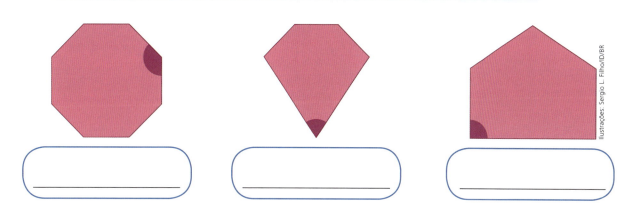

_____   _____   _____

**8.** As torres "Porta de Europa", também conhecidas por Torres KIO, são duas torres inclinadas uma contra a outra, formando uma espécie de porta futurista que desafia as leis da gravidade. Elas têm uma inclinação de 15° e uma altura de 114 m, com 26 andares.

Torres Porta de Europa, em Madri, na Espanha, no ano 2016.

- O ângulo de inclinação dessas torres é obtuso ou agudo?

_____

**9.** Veja como podemos traçar algumas retas em uma folha de papel.

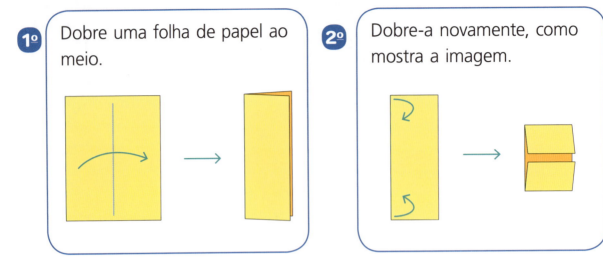

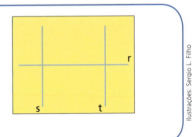

Observe que as retas **r** e **s** são concorrentes. Além disso, essas retas formam um ângulo reto ao se cruzarem. Nesse caso, dizemos que a reta **r** é **perpendicular** à reta **s**.

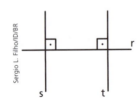

Além de a reta **r** ser perpendicular às retas **s** e **t**, a reta **r** também é transversal a essas retas.

Agora, complete as frases com as palavras **paralela**, **perpendicular** ou **transversal**.

**a.** A reta **s** é _____ à reta **t**.

**b.** A reta **s** é _____ à reta **r**.

**c.** A reta **r** é _____ à reta **t**.

**d.** A reta **r** é _____ às retas **t** e **s**.

# Localização e caminhos

Veja como Pedro descreveu o trajeto que fez da escola até sua casa, associando mentalmente retas às ruas, quando necessário.

> SEGUI PELA RUA TULIPA ATÉ O CRUZAMENTO COM A RUA VIOLETA. DEPOIS, VIREI À ESQUERDA E SEGUI EM FRENTE ATÉ A RUA MARGARIDA. ENTÃO, VIREI À DIREITA E SEGUI EM FRENTE ATÉ MINHA CASA, QUE FICA EM UMA RUA PARALELA À RUA DA ESCOLA.

**intersecção:** ponto onde se cruzam caminhos

1. Considerando as ruas do mapa acima como retas, contorne:
   - de verde, o mercado localizado na **intersecção** da rua Camélia com a rua Lírio.
   - de azul, o hospital que está em uma rua **perpendicular** à rua Margarida.
   - de vermelho, a padaria que se encontra em uma rua **transversal** às ruas Margarida e Lírio, porém sem ser perpendicular a essas ruas.

2. Trace no mapa outro caminho que Pedro poderia fazer para ir da escola até sua casa.

## Aprenda mais!

No livro *Caça ao tesouro*, você é convidado a ajudar um grupo de camundongos na busca por um tesouro, resolvendo os enigmas de um velho mapa.

*Caça ao tesouro*, de A. J. Wood. Tradução de Gilda de Aquino. Ilustrações de Maggie Downer. São Paulo: Brinque-Book, 1998.

# Pratique e aprenda

**1.** Na malha quadriculada ao lado, foi traçado um caminho que começa no ponto **A** e termina no ponto **B**. Esse caminho corresponde ao seguinte código.

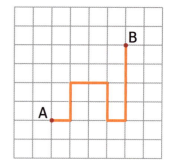

Agora, complete o código para indicar o caminho que começa no ponto **C** e termina no ponto **D**.

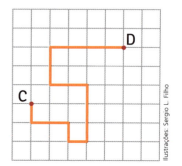

**2.** Marília representou parte do bairro em que mora. Em seguida, considerando as ruas como se fossem retas, ela descreveu a localização do hospital.

O hospital está localizado em uma rua paralela à rua Uruguai e perpendicular à rua Canadá.

**a.** Descreva no caderno a localização do ginásio de esportes e da farmácia, utilizando palavras como **paralela**, **perpendicular** e **transversal**.

**b.** Trace, no mapa, o caminho mais curto da casa de Marília até a escola.

# Ponto de chegada

Nesta unidade, estudamos retas, semirretas e ângulos. Além disso, vimos algumas maneiras de descrever trajetos e usar referências para localização. Para recordar, leia e complete o que falta nos itens.

**a.** Estudamos retas **paralelas**, **concorrentes**, **perpendiculares** e **transversais**.

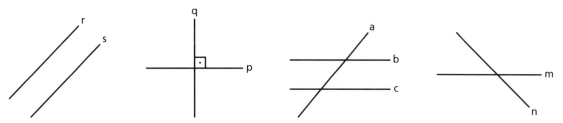

Nos exemplos acima, as retas **r** e **s** são _____ entre si e as retas ____ e ____ são perpendiculares entre si.

**b.** Duas semirretas de mesma origem formam ângulos.

Classifique os ângulos a seguir, conforme a sua medida, em **reto**, **agudo**, **obtuso** ou **raso**.

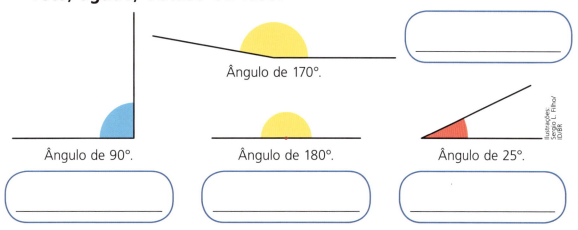

Ângulo de 170°.

Ângulo de 90°.　　Ângulo de 180°.　　Ângulo de 25°.

**c.** Descrevemos a localização de estabelecimentos.

A prefeitura fica na rua _____ à rua Brasil.

# unidade 11 Números decimais

Produtos expostos à venda no Mercado Municipal Governador Albano Franco, em Aracaju, no estado de Sergipe, em 2015.

## Ponto de partida

1. O que os números que aparecem na imagem acima têm em comum?
2. Cite outras situações nas quais podemos identificar números desse tipo.

# Os números com vírgula

A professora de Márcio levou para a sala de aula um recipiente dividido em 10 partes iguais. Leia o que a professora está dizendo.

*ENCHI PARTE DESTE RECIPIENTE COM ÁGUA.*

*4 PARTES DE 10 ESTÃO CHEIAS COM ÁGUA. VEJA COMO PODEMOS REPRESENTAR ESTA QUANTIDADE POR MEIO DE UMA FRAÇÃO.*

$\frac{4}{10}$ deste recipiente contém água.

Também podemos representar a parte ocupada com água nesse recipiente com o número decimal **0,4** (**quatro décimos**).

## Pratique e aprenda

**1.** Escreva a fração e o número na forma decimal que representam a parte pintada de verde em cada figura.

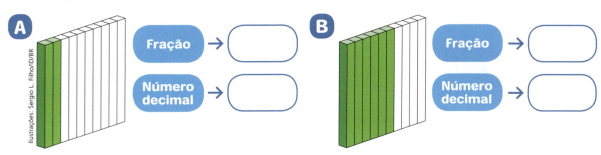

**a.** Qual figura tem a parte pintada menor do que a metade? _____

**b.** Qual figura tem a parte pintada maior do que a metade? _____

**2.** Afonso e Cláudia realizaram uma pesquisa para saber qual o sabor de suco preferido de seus colegas de sala. Observe suas conclusões.

- Um décimo dos alunos prefere suco de uva.
- Cinco décimos preferem suco de morango.
- Quatro décimos preferem suco de manga.

Escreva os números apresentados acima na forma fracionária e na forma decimal.

_____

**3.** Escreva os números a seguir por extenso.

- 0,9 _____
- 0,4 _____
- 0,7 _____

**4.** César desenhou duas figuras em formato retangular e de mesma medida em um papel. Em seguida, dividiu cada uma delas em 10 partes iguais.

EU PINTEI TODAS AS PARTES DE UMA FIGURA E TRÊS PARTES DA OUTRA. O TOTAL DE PARTES PINTADAS DE VERMELHO CORRESPONDE A **UM INTEIRO E TRÊS DÉCIMOS**, QUE POSSO REPRESENTAR COM O NÚMERO **1,3**.

De maneira semelhante, escreva, na forma decimal e por extenso, o número que representa a parte pintada de verde das figuras de cada item.

**A**
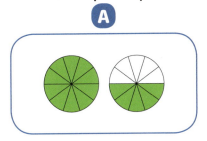

**B**
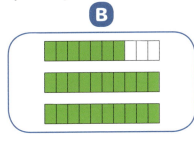

**C**
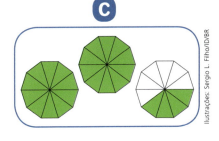

_____   _____   _____

_____   _____   _____

5. Flávia levou sua régua para a sala de aula. Observe, ao lado, a representação de parte dessa régua.

Cada centímetro está dividido em 10 partes iguais e cada uma dessas partes é igual a 1 milímetro (1 mm).

Então, 1 milímetro equivale a $\frac{1}{10}$ de 1 centímetro, ou seja:

$$1 \text{ mm} = 0{,}1 \text{ cm}$$

Assim, podemos dizer que a linha ao lado tem 4 cm 7 mm ou 4,7 cm de comprimento, pois:

$$4 \text{ cm } 7 \text{ mm} = 4 \text{ cm} + 0{,}7 \text{ cm} = 4{,}7 \text{ cm}$$

Com uma régua, meça o comprimento das linhas abaixo e represente a medida de cada uma delas em centímetros na forma decimal.

**6.** A professora de Rômulo desenhou uma figura e dividiu-a em 100 partes iguais. Em seguida, ela pintou algumas partes da figura com cores diferentes.

A PARTE PINTADA DE VERDE CORRESPONDE A **UM CENTÉSIMO** DA FIGURA, QUE PODEMOS REPRESENTAR POR $\frac{1}{100}$ OU **0,01**.

De acordo com o que a professora está falando, escreva a fração, o número decimal e a escrita por extenso que representam a parte pintada de:

- vermelho.

  _____

- amarelo.

  _____

- azul.

  _____

- cinza.

  _____

**7.** Em nosso sistema monetário, 1 centavo equivale a 1 centésimo de real e 25 centavos equivalem a 25 centésimos de real.

1 centavo

$\frac{1}{100}$ de real ou R$ 0,01

25 centavos

$\frac{25}{100}$ de real ou R$ 0,25

Agora, escreva as seguintes quantias utilizando números decimais.

5 centavos     10 centavos     50 centavos

R$ _____     R$ _____     R$ _____

8. O professor de Educação Física escolheu 5 alunos da turma do 4º ano, mediu a altura de cada um deles e organizou as medidas obtidas em um gráfico.

Fonte de pesquisa: Registros do professor de Educação Física.

O símbolo ⚡ no eixo vertical indica uma supressão, ou seja, uma "quebra", pois nesse caso não há valores menores do que 124.

Como 1 m = 100 cm, podemos dizer que 1 centímetro equivale a $\frac{1}{100}$ de 1 metro, ou seja:

1 cm = 0,01 m

Veja como podemos escrever a altura de Pedro em metros.

135 cm = 100 cm + 35 cm = 1 m + 0,35 m = 1,35 m

PEDRO TEM 135 CM DE ALTURA OU 1,35 M.

Escreva, em metros, a altura de:

- Miguel: _____
- Antônio: _____
- Clarice: _____
- Fátima: _____

# Números decimais e o sistema de numeração decimal

Vamos considerar que a placa ao lado representa **1 unidade**.

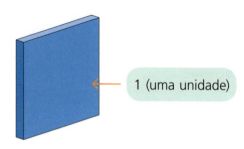

Ao dividirmos essa placa em 10 partes iguais, obtemos 10 barras. Cada uma dessas barras representa **0,1** da **placa**.

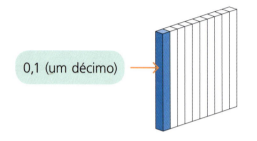

Ao dividirmos uma barra em 10 partes iguais, obtemos 10 cubinhos. Cada cubinho representa **0,1** da **barra** ou **0,01** da **placa**.

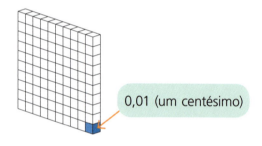

Assim, temos:

1 (uma unidade)

0,1 (um décimo) ou 0,10 (dez centésimos)

0,01 (um centésimo)

Veja como podemos representar 0,1 e 0,01 no quadro de ordens.

| U<br>Unidade | , | d<br>décimo | c<br>centésimo |
|---|---|---|---|
| 0 | , | 1 |  |
| 0 | , | 0 | 1 |

: 10

# Pratique e aprenda

**1.** Escreva no quadro de ordens o número que corresponde à representação com cubinhos, barras e placas, considerando que a placa equivale a um inteiro.

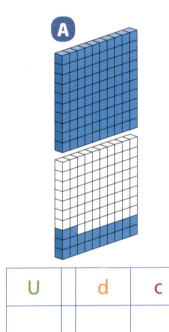
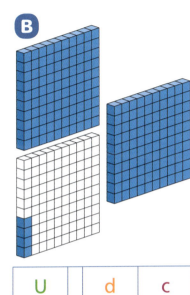
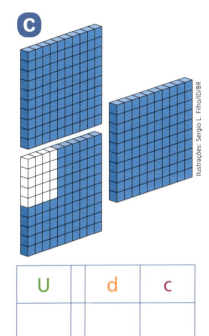

| U | d | c |
|---|---|---|
|   |   |   |

| U | d | c |
|---|---|---|
|   |   |   |

| U | d | c |
|---|---|---|
|   |   |   |

**2.** Veja como Lúcia fez para comparar números decimais.

Inicialmente, Lúcia compara os algarismos das partes inteiras desses números.

3,62 > 2,51
pois 3 > 2

Se os algarismos das partes inteiras forem iguais, ela compara os algarismos dos décimos.

7,46 > 7,39
pois 4 > 3

Se os algarismos dos décimos também forem iguais, Lúcia compara os algarismos dos centésimos.

4,12 < 4,15
pois 2 < 5

De maneira semelhante à de Lúcia, compare os números apresentados e complete com o símbolo >, < ou =.

**a.** 2,20 _____ 2,2

**b.** 20,02 _____ 20,2

**c.** 4,31 _____ 4,21

**d.** 9,21 _____ 9,25

**e.** 2,2 _____ 2,02

**f.** 2,16 _____ 3,25

3. Observe a reta numérica e complete os quadros com os números adequados.

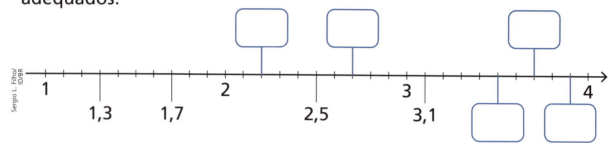

Agora, de acordo com a reta numérica, complete os itens abaixo com o símbolo < ou >.

a. 2 ____ 2,5

b. 3,5 ____ 1,7

c. 2,7 ____ 2

d. 3,5 ____ 3,7

e. 3,9 ____ 4

f. 1,7 ____ 1,3

4. A professora Rosana mediu a massa das mochilas de alguns de seus alunos. Veja a seguir os resultados obtidos.

a. A quem pertence a mochila que tem a maior massa? _____

b. Organize em ordem crescente os números que representam as massas das mochilas.

_____ < _____ < _____

5. Complete cada item com um dos números das fichas abaixo. Cada ficha deve ser usada apenas uma vez.

a. 2,5 < _____ < 3,1

b. 4,7 = _____

c. 12,9 < _____ < 13,52

d. _____ = 24,50

e. 85,12 < _____ < 99,61

f. 84,1 < _____ < 84,9

# Adição com números decimais

Ana foi até uma *lan house* para acessar a internet e imprimir um trabalho escolar.

*lan house*: estabelecimento comercial em que, por meio de pagamento, os usuários podem acessar a internet ou imprimir documentos, entre outros serviços

**1.** Que operação matemática você escolheria para determinar quantos reais, ao todo, Ana terá que pagar pelos serviços que usou?

Para determinar quantos reais, ao todo, Ana terá que pagar pelos serviços que usou, podemos juntar o valor do acesso à internet com o valor de duas impressões, ou seja:

$$1,75 + 1,34$$

Veja algumas maneiras de efetuar essa adição.

### Utilizando cubinhos, barras e placas

**1º** Representamos com cubinhos, barras e placas as duas parcelas da adição.

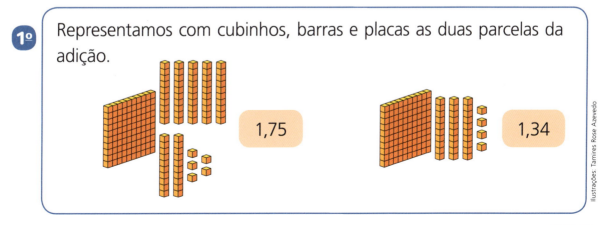

**2º** Juntamos as parcelas. Em seguida, trocamos 10 barras (10 décimos) por 1 placa (1 unidade).

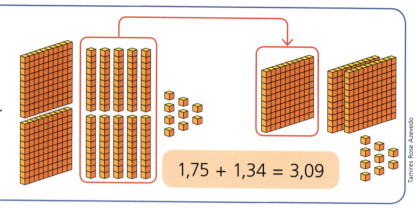

1,75 + 1,34 = 3,09

## Utilizando o algoritmo

**1º** Adicionamos os centésimos e, depois, adicionamos os décimos.

```
  U   d   c
  1 , 7   5
+ 1 , 3   4
---------
        10  9
```

5 c + 4 c = 9 c

7 d + 3 d = 10 d

**2º** Trocamos 10 décimos por 1 unidade e adicionamos as unidades.

```
   U    d   c
  ¹1 ,  7   5
+  1 ,  3   4
-----------
   3 ,  0   9
```

1 U + 1 U + 1 U = 3 U

ou

```
  ¹1 , 7 5  ⎤
+  1 , 3 4  ⎦ ← parcelas
-----------
   3 , 0 9     ← soma ou total
```

Escrevemos as parcelas de maneira que uma vírgula fique embaixo da outra. Em seguida, adicionamos os centésimos, depois os décimos e por último as unidades.

Assim, Ana terá que pagar, ao todo, R$ 3,09 pelo uso da internet e pelas impressões.

**2.** Se Ana gastasse R$ 3,50 pelo uso da internet e R$ 2,68 pelas impressões, quantos reais ela teria que pagar?

# Pratique e aprenda

**1.** Efetue as adições.

**a.** 1,7 + 1,2 = _____

**b.** 7,4 + 6,2 = _____

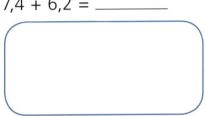

**c.** 21,44 + 12,15 = _____

**d.** 12,23 + 3,45 = _____

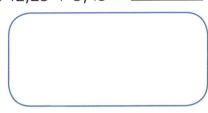

**2.** Veja o que Osmar está fazendo para obter o resultado de 2,79 + 2,8.

2,8 É IGUAL A 2,80. ENTÃO, ESCREVO OS NÚMEROS E EFETUO OS CÁLCULOS.

Note que 10 décimos foram trocados por 1 unidade.

De maneira semelhante, efetue as adições.

**a.** 1,94 + 1,7 = _____

**b.** 3,29 + 2,6 = _____

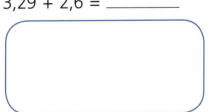

**c.** 16,5 + 8,03 = _____

**d.** 45,2 + 29,23 = _____

**3.** Armando pretende comprar o carrinho de brinquedo e o pião representados abaixo.

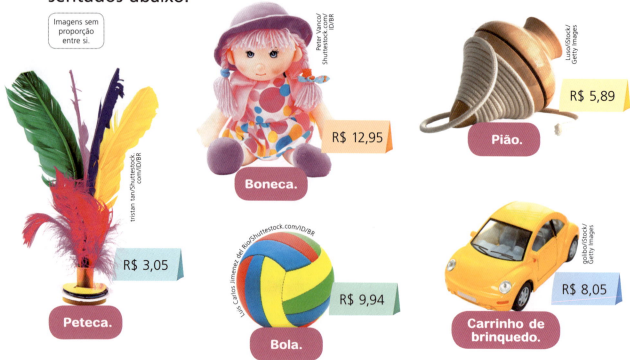

Veja os cálculos que Armando efetuou para verificar se possuía dinheiro suficiente para pagar esses dois brinquedos.

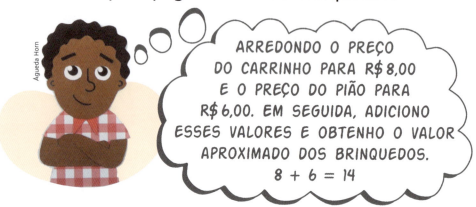

ARREDONDO O PREÇO DO CARRINHO PARA R$ 8,00 E O PREÇO DO PIÃO PARA R$ 6,00. EM SEGUIDA, ADICIONO ESSES VALORES E OBTENHO O VALOR APROXIMADO DOS BRINQUEDOS.
8 + 6 = 14

Portanto, Armando vai pagar, aproximadamente, R$ 14,00 se comprar esses dois brinquedos.

De maneira semelhante, determine a quantia aproximada que uma pessoa vai pagar se comprar:

**a.** o carrinho e a peteca.

**b.** a peteca e a boneca.

**c.** o pião e a bola.

**d.** a boneca e a bola.

# Subtração com números decimais

Uma papelaria colocou em promoção alguns de seus produtos. Veja esses produtos com o preço antigo e o preço com desconto.

💬 • Como você faria para calcular o valor do desconto que a papelaria está oferecendo no preço do estojo?

Para determinar o valor do desconto que a papelaria está oferecendo no preço do estojo, podemos determinar 3,78 − 2,59 .

Veja a seguir algumas maneiras de efetuar essa **subtração**.

## Utilizando cubinhos, barras e placas

**1º** Representamos o número 3,78 utilizando cubinhos, barras e placas.

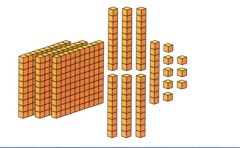

**2º** Como não é possível retirar nove centésimos de oito centésimos, trocamos uma barra (um décimo) por dez cubinhos (dez centésimos). Finalmente, retiramos nove cubinhos (nove centésimos), cinco barras (cinco décimos) e duas placas (duas unidades).

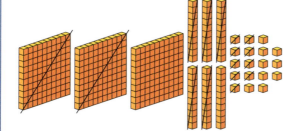

3,78 − 2,59 = 1,19

## Utilizando o algoritmo

 Não é possível subtrair 9 centésimos de 8 centésimos. Deste modo, trocamos 1 décimo por 10 centésimos, ficando com 18 centésimos e 6 décimos. Em seguida, subtraímos os centésimos.

```
  U   d   c
  3 , ⁶7̷ ¹8
- 2 , 5   9
          9
```

18 c – 9 c = 9 c

 Subtraímos os décimos.

```
  U   d   c
  3 , ⁶7̷ ¹8
- 2 , 5   9
      1   9
```

6 d – 5 d = 1 d

**3º** Subtraímos as unidades.

```
  U   d   c
  3 , ⁶7̷ ¹8
- 2 , 5   9
  1 , 1   9
```

3 U – 2 U = 1 U

ou

```
  3 , ⁶7̷ ¹8   ← minuendo
- 2 , 5   9   ← subtraendo
  1 , 1   9   ← diferença
                ou resto
```

Escrevemos o minuendo e o subtraendo de maneira que uma vírgula fique embaixo da outra. Em seguida, subtraímos os centésimos, depois os décimos e por último as unidades.

Assim, a papelaria está oferecendo um desconto de R$ 1,19 no preço do estojo.

## Pratique e aprenda

**1.** Quantos reais de desconto essa mesma papelaria está oferecendo nos demais produtos?

**2.** Efetue as subtrações.

**a.** 8,5 – 3,2 = _____

**b.** 9,4 – 4,6 = _____

**c.** 25,93 – 12,1 = _____

**3.** As faturas de energia elétrica indicam o consumo de cada mês, bem como a tarifa desse consumo. Veja as faturas de energia elétrica dos meses de julho e agosto da casa de Armando.

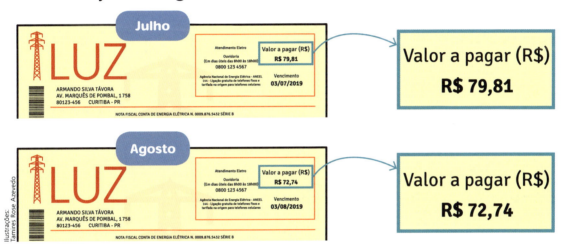

O valor cobrado na fatura do mês de agosto foi maior ou menor do que o cobrado na fatura do mês de julho? De quantos reais foi a diferença entre os valores das faturas desses dois meses?

### Para fazer juntos!

A energia elétrica serve para melhorar a qualidade de vida, trazendo conforto e comodidade. É possível ter os benefícios que a energia elétrica proporciona sem desperdiçá-la no uso do dia a dia. Junte-se a um colega e conversem a respeito de algumas atitudes que vocês consideram importantes para economizá-la. Depois, compartilhem suas ideias com os demais alunos da sala.

**4.** Veja como podemos obter o resultado de 41,5 + 29,7 utilizando uma calculadora.

**Dica** Na calculadora, é utilizado o ponto (.) no lugar de vírgula (,).

**1º** Com a calculadora ligada, aperte as teclas:

4  1  .  5  +

41.5

**2º** Depois aperte as teclas:

2  9  .  7

29.7

**3º** Aperte a tecla = e o resultado aparecerá no visor.

71.2

Para efetuar subtrações, aperte a tecla − em vez da tecla + .

Assim, 41,5 + 29,7 = 71,2.

Utilizando uma calculadora, obtenha os resultados dos seguintes cálculos.

**a.** 9,4 + 25,7 = _____

**b.** 51,2 + 38,29 = _____

**c.** 31,6 − 12,31 = _____

**d.** 117,91 − 65,47 = _____

**5.** Usando apenas uma vez os algarismos das fichas, complete os cálculos.

```
    5  8 , 9              ¹3  9 , 3
  −  _  _ , _           + _   _ , _
  ─────────             ─────────
    2  1 , 4              8    , 9
```

**6.** Descubra o padrão das sequências e complete com os números adequados.

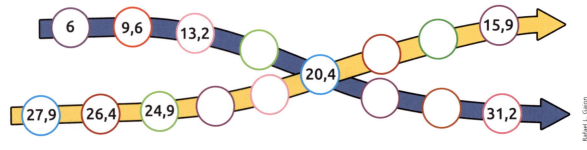

### Para fazer juntos!

De acordo com as cenas, escreva no caderno o enunciado de um problema.

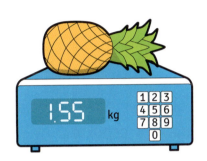 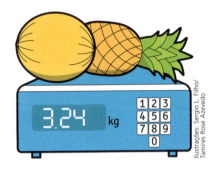

Em seguida, troque o enunciado do problema que você escreveu com um colega e resolva o problema que ele escreveu. Depois, verifiquem se as respostas estão corretas.

**7.** No dia 17 de outubro de 1968, nas Olimpíadas da Cidade do México, o estadunidense **Ralph Boston** atingiu 8,27 m no salto em distância. Com esse salto, ele quebrou seu próprio recorde olímpico de 8,12 m alcançado em Roma, no ano 1960.

No entanto, esse feito foi superado no dia seguinte por outro estadunidense, **Bob Beamon**, que entrou para a história dos Jogos Olímpicos ao atingir a incrível marca de 8,9 m.

Bob Beamon nas Olimpíadas da Cidade do México, em 1968, dando o salto que entrou para a história dos Jogos Olímpicos.

Calcule a diferença, em metros, entre os saltos:

**a.** de Ralph Boston nas Olimpíadas de 1960 e 1968.

**b.** de Bob Beamon e Ralph Boston nas Olimpíadas de 1968.

# Por dentro do tema

**Sexualidade**

## Mulheres conquistando a igualdade no esporte

Como vimos na atividade anterior, os atletas estão sempre empenhados em melhorar seu rendimento e obter recordes. Nesse esforço, eles tentam superar suas próprias limitações.

A seguir, apresentamos algumas mulheres que tiveram participação importante nas quebras de tabus e na inserção feminina nos esportes.

Charlotte Cooper no Campeonato de tênis de gramado de Wimbledon, em 1908. Ela foi a primeira mulher a ganhar medalha de ouro olímpica, em 1900.

Alice Melliat remando uma canoa, em 1913. Ela juntou-se a mais dez mulheres, em 1900, e foi até Paris para reivindicar a inclusão feminina no atletismo nos Jogos Olímpicos.

Em 1932, a nadadora brasileira Maria Lenk entrou para a História como a primeira mulher a representar o Brasil e a América Latina nos Jogos Olímpicos.

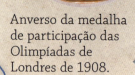

Anverso da medalha de participação das Olimpíadas de Londres de 1908.

**A.** Em sua opinião, por que as mulheres não podiam praticar esportes oficiais?

**B.** A atleta estadunidense Jacqueline Joyner-Kersee, conhecida como Jacke, foi recordista feminina saltando a distância de 7,40 m, em 1987. Mas sua melhor marca ocorreu 7 anos depois, quando saltou 9 cm a mais do que seu recorde anterior. Qual foi a distância que Jacke alcançou em sua melhor marca?

# Ponto de chegada

Nesta unidade, estudamos os números com vírgula e vimos que eles são chamados números decimais. Vamos recordar? Leia os itens e complete o que falta.

**a.** Representamos, ordenamos e lemos números na forma decimal e na forma de fração decimal.

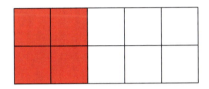

A parte pintada na figura ao lado pode ser representada por

$\dfrac{4}{10}$ = 0,4 (quatro _____).

**A** Fração ☐  Número decimal ____

**B** Fração ☐  Número decimal ____

**b.** Representamos números decimais no quadro de ordens.

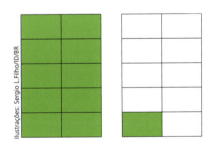

| U | d |
|---|---|
| 1 , | 1 |

**c.** Realizamos cálculos de adição e subtração com números decimais usando o algoritmo.

| U | d | c |
|---|---|---|
| 4 , | 7 | 1 |
| + 2 , | 2 | 5 |
| ___ , | ___ | ___ |

| U | d | c |
|---|---|---|
| 9 , | 7 | 5 |
| − 4 , | 3 | 1 |
| ___ , | ___ | ___ |

# unidade 12
## Medidas 2

Golfinhos pulando ondas no oceano Pacífico, próximo às praias do Havaí, nos Estados Unidos. De tempos em tempos, eles precisam emergir para respirar.

## Ponto de partida

1. Sabendo que algumas espécies de golfinhos podem ficar submersas por até 15 minutos sem respirar e que algumas espécies de baleia podem ficar submersas por até meia hora, qual dos dois animais consegue ficar mais tempo submerso sem respirar?

2. Quantas vezes, no mínimo, um golfinho dessa espécie precisaria subir à superfície em meia hora para respirar?

# Medidas de tempo

💬 **1.** As atividades que fazemos durante o dia podem demorar mais ou menos tempo. Como você faz para contar o tempo dessas atividades?

## As horas, os minutos e os segundos

Um dos instrumentos que usamos atualmente para medir a passagem do tempo é o **relógio**. Mas nem sempre as pessoas fizeram essas medições usando os relógios que conhecemos.

Veja alguns relógios utilizados antigamente e alguns modelos atuais.

O **relógio de sol**, provavelmente, foi o primeiro instrumento utilizado para indicar as horas. Ele determina a hora do dia pela posição da sombra projetada no relógio.

Como não era possível usar o relógio de sol durante a noite ou em dias de chuva, foi inventada a **clepsidra**. Esse relógio tem um recipiente com água e um pequeno furo por onde esse líquido escoa, marcando a passagem do tempo.

Relógio de sol.

Imagens sem proporção entre si.

Mais tarde, surgiu o **relógio de areia**, chamado **ampulheta**. Nele, o tempo é marcado conforme a areia passa de um compartimento do recipiente de vidro para o outro, por um pequeno orifício entre eles.

Ampulheta.

Atualmente, usamos os **relógios de ponteiros**. Além deles, temos também os **relógios digitais**, que indicam as horas, os minutos e os segundos com algarismos.

Relógio de ponteiros.

Relógio digital.

💬 **2.** Em sua opinião, por que é importante medir a passagem do tempo?

💬 **3.** Em que situação você ou as pessoas de seu convívio usam o relógio?

Os relógios mais utilizados atualmente são o **relógio de ponteiros** e o **relógio digital**. Nesses relógios, geralmente, podemos identificar as **horas** (h), os **minutos** (min) e os **segundos** (s).

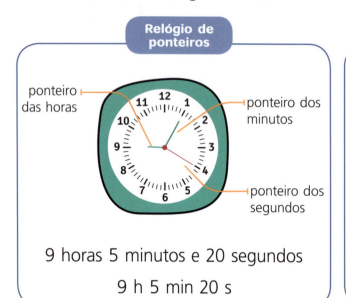

9 horas 5 minutos e 20 segundos

9 h 5 min 20 s

12 horas 35 minutos e 50 segundos

12 h 35 min 50 s

Observe algumas equivalências entre as unidades de medida de tempo apresentadas.

**1 h = 60 min**    **1 min = 60 s**

**4.** Meia hora equivale a quantos minutos?

**5.** Um dia tem quantas horas? _____

## Pratique e aprenda

**1.** Complete os itens.

**a.** 2 h = _____ min.

**b.** 5 h = _____ min.

**c.** 12 h = _____ min.

**d.** 20 min = _____ s.

**e.** 45 min = _____ s.

**f.** 30 min = _____ s.

2. Fernando fotografou, pela janela de seu quarto, a mesma paisagem em dois momentos diferentes.

Avenida Constantino Nery, na região central de Manaus, no estado do Amazonas, vista de dia, em 2015.

Avenida Constantino Nery, na região central de Manaus, no estado do Amazonas, vista de noite, em 2015.

Veja como ler as horas nos relógios acima, de acordo com o período do dia.

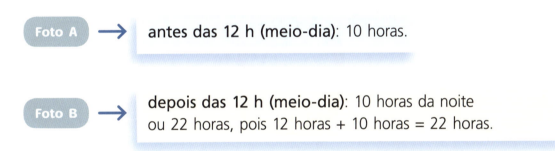

Foto A → antes das 12 h (meio-dia): 10 horas.

Foto B → depois das 12 h (meio-dia): 10 horas da noite ou 22 horas, pois 12 horas + 10 horas = 22 horas.

Agora, escreva como se lê o horário indicado em cada um dos relógios a seguir.

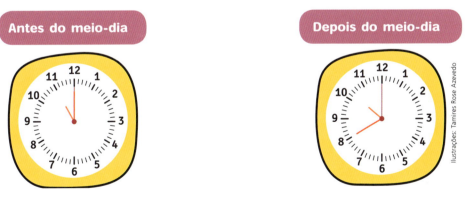

Antes do meio-dia

Depois do meio-dia

_____  _____

_____  _____

**3.** Complete as frases de acordo com o horário apresentado nos relógios.

_____ horas e _____ minutos ou faltam _____ minutos para as 13 horas.

_____ horas e _____ minutos ou faltam _____ minutos para as 15 horas.

**4.** Ligue os relógios que estão indicando o mesmo horário.

**5.** Antes de Júlia ir para a escola, sua mãe e ela estavam conversando.

**a.** A que horas aconteceu esta cena? _____

**b.** A que horas o ônibus vai passar? _____

**6.** Observe abaixo um mesmo relógio em momentos diferentes do mesmo dia, após o meio-dia.

Agora, escreva quanto tempo se passou entre os momentos:

- A e B
- B e C
- A e C

**7.** Mariana vai assistir a um filme com seus pais. Veja no ingresso o horário da sessão do filme que eles vão ver.

Sabendo que a sessão tem 1 h 25 min de duração, qual é o horário em que ela vai terminar?

8. Renan acorda todos os dias às 7 h 30 min, como indicado pelo ponteiro azul no relógio ao lado.

Para dormir 8 horas por noite, Renan precisa se deitar às 23 h 30 min, conforme indicado pelo ponteiro verde nesse mesmo relógio.

A que horas Renan deve se deitar para dormir:

a. 9 horas por noite?

_____

b. 10 horas por noite?

_____

9. Devido ao formato arredondado da Terra e ao seu movimento de rotação, enquanto é dia em algumas regiões, é noite em outras.

Observe o horário em diferentes cidades do mundo em um mesmo momento, quando são 8 horas da manhã em Brasília, no Distrito Federal.

| Toronto (Canadá) | Tóquio (Japão) | Londres (Inglaterra) |
|:---:|:---:|:---:|
| 6 h | 20 h | 11 h |

a. De acordo com esses registros, escreva a diferença, em horas, entre as cidades de:
- Brasília e Tóquio.
- Toronto e Londres.

b. Quando forem 14 h em Brasília, qual será o horário em:
- Toronto?
- Londres?
- Tóquio?

**10.** Laís saiu, de ônibus, às 21 h 40 min de um dia em viagem para Campinas e chegou às 6 h 45 min do dia seguinte. Quanto tempo durou a viagem?

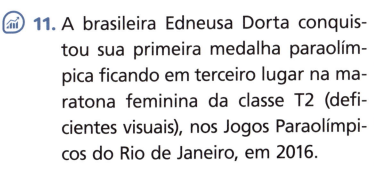

UM DIA TEM 24 HORAS.

**11.** A brasileira Edneusa Dorta conquistou sua primeira medalha paraolímpica ficando em terceiro lugar na maratona feminina da classe T2 (deficientes visuais), nos Jogos Paraolímpicos do Rio de Janeiro, em 2016.

Edneusa Dorta comemorando a medalha nos Jogos Paraolímpicos do Rio de Janeiro, ao lado do treinador, em 2016.

| Maratona Classe T2 dos Jogos Paraolímpicos Rio 2016 | | | |
|---|---|---|---|
| Colocação | País | Atleta | Tempo |
| 1º | Espanha | Elena Congnost | 3 h 1 min 43 s |
| 2º | Japão | Misato Michishita | 3 h 6 min 52 s |
| 3º | Brasil | Edneusa Dorta | 3 h 18 min 38 s |

Fonte de pesquisa: Rede Nacional do Esporte. Disponível em: <http://www.brasil2016.gov.br/pt-br/noticias/na-despedida-do-atletismo-das-paralimpiadas-rio-2016-brasil-fatura-o-bronze-na-maratona>. Acesso em: 22 dez. 2017.

A 1ª colocada chegou quanto tempo antes da 2ª colocada?

# Divirta-se e aprenda

## Dominó das horas

**Vamos precisar de:**

- peças do dominó que estão nas páginas **251** e **253**
- tesoura com pontas arredondadas
- cartolina
- cola

**Procedimentos:**

Junte-se a dois colegas e siga as instruções do professor para a confecção do dominó.

Sobre a carteira, embaralhe as peças, forme um monte com os relógios voltados para baixo e retire, sem ver, sete delas para cada jogador.

O jogador sorteado para iniciar a partida escolhe uma peça e a coloca sobre a carteira. O próximo jogador deve colocar uma peça que se encaixe em um dos lados do dominó.

Caso nenhuma peça se encaixe, o jogador deve retirar uma do monte das que sobraram. Se a peça retirada se encaixar, ele deverá colocá-la. Caso contrário, deve passar a vez.

Quem encaixar todas as suas peças primeiro vence o jogo.

# Medidas de capacidade

Assim como usamos unidades de medida para expressar comprimentos ou massas, podemos expressar a quantidade de líquido que um recipiente pode conter. Neste tópico, vamos estudar algumas unidades que usamos para esse fim.

## O litro e o mililitro

Gustavo foi ao supermercado e observou, nas embalagens e nos rótulos, informações importantes sobre os produtos.

Na lata de suco, aparece a indicação 350 ml. Isso significa que essa embalagem contém 350 **mililitros** de suco.

A indicação 1 L, que aparece na caixa de leite, significa que a embalagem contém 1 **litro** de leite.

O **litro** (L) e o **mililitro** (ml) são unidades de medida de capacidade padronizadas, usadas para expressar a quantidade de líquido que um recipiente pode conter.

O litro é a unidade de medida de capacidade fundamental. Quantidades de líquido menores do que 1 litro (1 L), em geral, são expressas em mililitro.

- Escreva o nome de outros produtos que você conhece e que são vendidos em:

    **a.** litro.

    _____

    _____

    **b.** mililitro.

    _____

    _____

## Pratique e aprenda

1. Complete as frases com a unidade de medida de capacidade mais adequada: **L** ou **ml**.

   a. Para a festa de aniversário de Arnaldo, seu pai comprou 12 _____ de suco.

   b. O médico de Taís recomendou 5 _____ de xarope, duas vezes ao dia.

   c. O frasco que Bruna comprou contém 60 _____ de perfume.

   d. A caixa-d'água da casa de Ana tem capacidade para 1 000 _____.

2. Dizer que um recipiente contém 1 litro é o mesmo que dizer que ele contém 1 000 ml, pois $1\ L = 1\ 000\ ml$.

   Se um recipiente contém 5 L, quantos mililitros ele contém?

   > Como 1 L = 1000 ml, então
   > 5 L = 5 × 1000 ml = 5000 ml.

   Portanto, podemos dizer que esse recipiente contém 5 000 ml.

   💡 Agora, complete os itens transformando as medidas de litros em mililitros.

   a. 2 L = _____ ml        c. 15 L = _____ ml

   b. 10 L = _____ ml       d. 45 L = _____ ml

3. Um suco é vendido em caixas com 12 garrafas de 500 ml cada. Maurício comprou 3 caixas desse suco para abastecer sua mercearia. Quantos litros de suco Maurício comprou?

**4.** Joana convidou suas amigas para tomar chá. A jarra, a caneca e a xícara estão cheias com o chá que ela preparou.

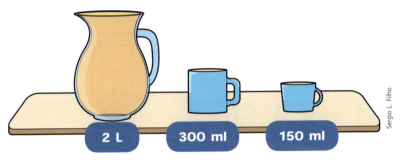

**a.** A quantidade de chá da caneca é igual à quantidade de chá de quantas xícaras cheias?

**b.** A quantidade de chá que cabe na jarra é a mesma que cabe em seis canecas?

**c.** Quantas xícaras cheias de chá seriam necessárias para encher a jarra? Nesse caso, quantos mililitros de chá sobrariam na xícara?

**5.** Para fazer um bolo de chocolate, Cláudia vai precisar de 250 ml de leite, entre outros ingredientes.

Ela comprou uma caixa de leite contendo 1 L. Quantos mililitros de leite vão sobrar na caixa após ela fazer o bolo?

Ingredientes e objetos para o preparo de um bolo.

**6.** Cada recipiente abaixo tem capacidade para 1 L e está dividido em partes iguais. Observe a quantidade de líquido que há neles e escreva quantos mililitros cada recipiente contém.

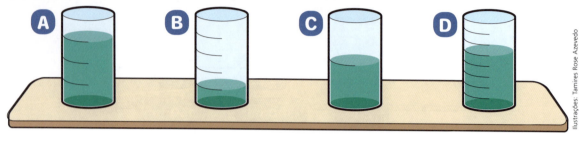

Quantos mililitros de líquido faltam para encher o recipiente:

- A? _____
- B? _____
- C? _____
- D? _____

**7.** Diana fez suco de laranja e armazenou em duas jarras, como na imagem.

Veja como podemos escrever em mililitros a quantidade de suco que Diana fez.

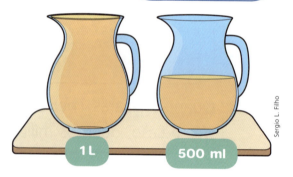

1 L 500 ml = 1 L + 500 ml = 1 000 ml + 500 ml = 1 500 ml

Portanto, Diana fez 1 500 ml de suco.

Agora é com você. Escreva, em mililitros, a medida indicada em cada item.

a. 2 L 250 ml = _____
b. 12 L 355 ml = _____
c. 6 L 225 ml = _____
d. 21 L 150 ml = _____

**8.** Complete com os símbolos <, > ou =.

a. 3 L ___ 2 900 ml
b. 9 000 ml ___ 8 L 100 ml
c. 7 L ___ 7 000 ml
d. 1 000 L ___ 1 000 ml

# Medidas de temperatura

Existem situações em que é preciso medir a temperatura, como de um ambiente, do corpo de uma pessoa ou de outro animal, da água, de alimentos.

O instrumento utilizado para medir a temperatura é o **termômetro**. Veja alguns tipos de termômetro.

Imagens sem proporção entre si.

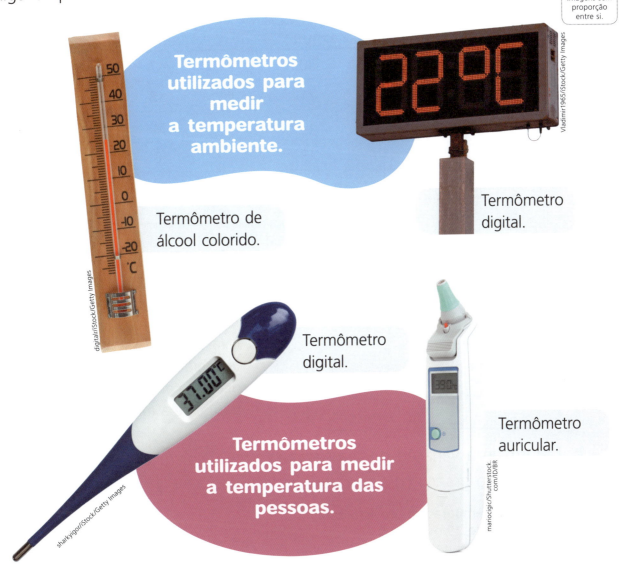

Termômetros utilizados para medir a temperatura ambiente.

Termômetro de álcool colorido.

Termômetro digital.

Termômetros utilizados para medir a temperatura das pessoas.

Termômetro digital.

Termômetro auricular.

No Brasil e em alguns países, a escala utilizada para medir a temperatura é a escala Celsius, desenvolvida pelo sueco Anders Celsius, em 1742.

Observe o termômetro representado ao lado. Ele está marcando uma temperatura de vinte e seis graus Celsius, que também pode ser indicada por **26 °C**.

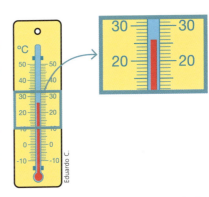

# Pratique e aprenda

**1.** Veja a previsão das temperaturas máxima e mínima para algumas cidades do mundo, feita para o dia 9 de outubro de 2017.

| Previsão de temperaturas máxima e mínima para algumas cidades do mundo (9 out. 2017) | | |
|---|---|---|
| Cidades | Temperatura máxima (°C) | Temperatura mínima (°C) |
| Brasília (Brasil) | 30 | 17 |
| Tóquio (Japão) | 21 | 18 |
| Paris (França) | 17 | 10 |
| Moscou (Rússia) | 13 | 8 |
| Camberra (Austrália) | 25 | 12 |

Fonte de pesquisa: Organização Mundial de Meteorologia. Disponível em: <http://wwis.ipma.pt/pt/home.html>. Acesso em: 7 out. 2017.

**a.** Qual foi a variação de temperatura prevista nesse dia para a cidade de Paris?

> Para determinar a variação de temperatura, basta calcular a diferença entre a temperatura máxima e a mínima.

**b.** Determine a variação de temperatura prevista para as outras cidades e complete o gráfico com os dados obtidos.

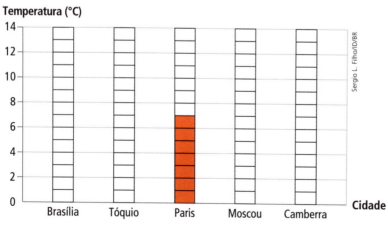

Fonte de pesquisa: Organização Mundial de Meteorologia. Disponível em: <http://wwis.ipma.pt/pt/home.html>. Acesso em: 7 out. 2017.

### Para fazer juntos!

Junte-se a um colega e pesquisem as temperaturas máximas e mínimas de sua cidade previstas para a semana. Calculem a variação entre elas e, depois, montem um gráfico no caderno com essas variações. Para isso, usem o gráfico da página **255**.

**2.** Observe os termômetros e escreva a temperatura, em graus Celsius, indicada em cada um deles. Em seguida, responda aos itens.

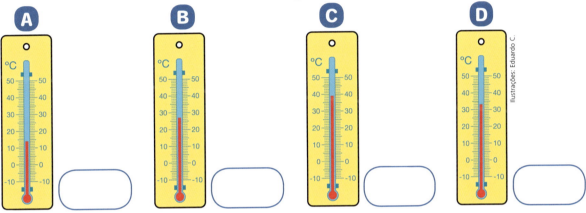

a. Qual termômetro está indicando a temperatura mais alta? _____

b. Qual termômetro está indicando a temperatura mais baixa? _____

c. Quantos graus Celsius o termômetro **D** está marcando a mais do que o termômetro **B**?

d. Comparando a diferença de temperatura entre os termômetros apresentados, observa-se a maior diferença de temperatura entre quais deles? De quantos graus é essa diferença?

e. Escreva em ordem crescente as temperaturas indicadas nos termômetros.

**3.** Rita registrou, com os colegas, a temperatura da sala de aula em um mesmo horário durante cinco dias consecutivos. Para isso, eles utilizaram um termômetro de álcool colorido.

Veja as anotações que Rita fez.

Temperatura da sala de aula

| Dia | Temperatura (°C) |
|---|---|
| segunda-feira | 18 |
| terça-feira | 16 |
| quarta-feira | 20 |
| quinta-feira | 22 |
| sexta-feira | 20 |

Fonte de pesquisa: Registros de Rita.

**a.** Utilizando as anotações de Rita, complete o gráfico para representar a temperatura na sala de aula durante os cinco dias.

Temperatura da sala de aula, em cinco dias consecutivos

Fonte de pesquisa: Registros de Rita.

**b.** Em que dia da semana foi registrada a temperatura mais elevada?

_____

**c.** Escreva, em graus Celsius, a diferença entre a maior e a menor temperatura registrada.

**d.** Em qual dia da semana Rita registrou temperatura entre 16 °C e 20 °C?

_____

# Ponto de chegada

Nesta unidade, estudamos sobre tempo, capacidade e temperatura. Vamos recordar? Leia e complete o que falta nos itens.

**a.** As **horas** (h), os **minutos** (min) e os **segundos** (s) são unidades de medida de tempo.

1 h = _____ min        1 min = _____ s

Para medir o tempo, usamos o **relógio**.

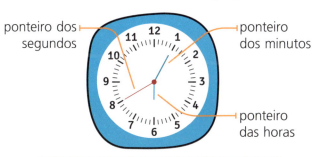

6 horas 5 minutos e 40 segundos
6 h 5 min 40 s

12 horas 59 minutos e 47 segundos
12 h 59 min 47 s

**b.** O **litro** (L) e o **mililitro** (ml) são unidades de medida de capacidade.

1 L = _____ ml

**c.** No Brasil, a escala utilizada para medir a temperatura é a escala Celsius.

A PREVISÃO DA TEMPERATURA MÁXIMA PARA HOJE É 38 °C.

O instrumento utilizado para medir temperatura é o _____.

# Tecnologia em sala de aula

Podemos utilizar *softwares* e aplicativos, entre eles as planilhas eletrônicas e os programas de geometria dinâmica, para estudar conceitos da Matemática.

## Planilha eletrônica

As planilhas eletrônicas são compostas de linhas e colunas cujo encontro denomina-se **célula**.

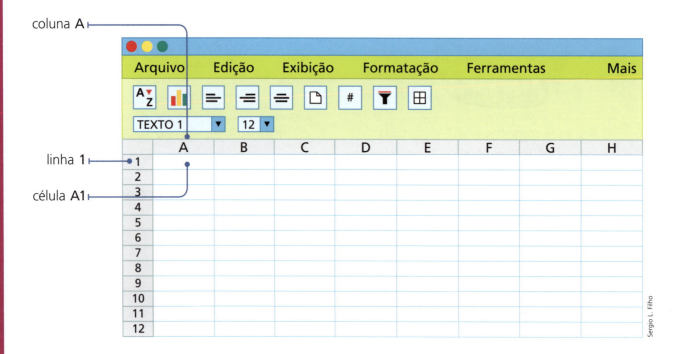

Usamos planilhas porque elas são práticas para organizar e apresentar informações por meio de tabelas e gráficos.

## Construção de gráficos

Na **unidade 4**, você estudou o gráfico de colunas duplas, completando e depois construindo esse tipo de gráfico. Também podemos construir esse gráfico na planilha eletrônica.

Observe na próxima página um exemplo de como construir um gráfico de colunas duplas na planilha eletrônica.

## Passo 1

Copie para a planilha os resultados da pesquisa a respeito da preferência de seus colegas de sala por alguns esportes, conforme registro na **página 71**.

Abaixo, fornecemos um exemplo de resultado.

|   | A | B | C | D |
|---|---|---|---|---|
| 1 | **Esporte** | **Meninos** | **Meninas** | |
| 2 | Futebol | 4 | 3 | |
| 3 | Voleibol | 3 | 5 | |
| 4 | Basquetebol | 2 | 3 | |
| 5 | Natação | 3 | 1 | |
| 6 | Atletismo | 2 | 2 | |
| 7 | | | | |

## Passo 2

Com o *mouse*, selecione os dados que você inseriu na planilha e construa o gráfico de colunas, clicando no ícone .

|   | A | B | C | D |
|---|---|---|---|---|
| 1 | **Esporte** | **Meninos** | **Meninas** | |
| 2 | Futebol | 4 | 3 | |
| 3 | Voleibol | 3 | 5 | |
| 4 | Basquetebol | 2 | 3 | |
| 5 | Natação | 3 | 1 | |
| 6 | Atletismo | 2 | 2 | |
| 7 | | | | |

## Passo 3

Personalize sua construção inserindo o título do gráfico, o título dos eixos e a fonte de pesquisa.

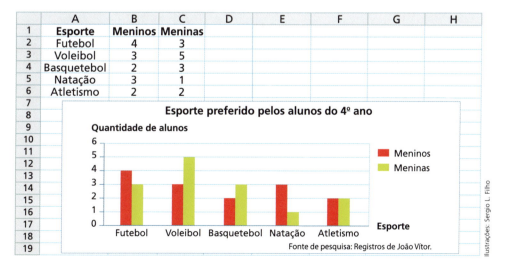

Fonte de pesquisa: Registros de João Vítor.

# Geometria dinâmica

Os programas de geometria dinâmica permitem construir e manipular objetos gráficos, como retas, ângulos e polígonos. Veja como é possível construir alguns deles usando um programa desse tipo.

## Segmento de reta e semirreta

Nas **unidades 9** e **10**, vimos como construir um segmento de reta e uma semirreta usando régua e dobradura. Veja outra maneira de fazer essas construções.

### Segmento de reta

Com o *mouse*, clique no ícone . Depois, clique em dois locais diferentes na malha quadriculada para formar um segmento de reta.

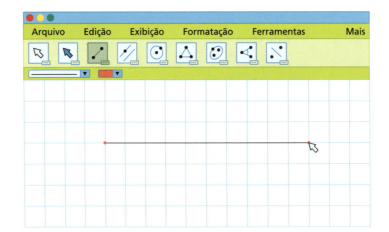

### Semirreta

Com o *mouse*, clique no ícone . Depois, clique em dois locais diferentes na malha quadriculada para formar uma semirreta.

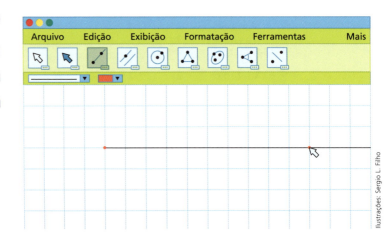

Ilustrações: Sergio L. Filho

**236** Duzentos e trinta e seis

## Polígonos

Na **unidade 9**, você estudou a respeito de polígonos e de não polígonos. Veja uma maneira de construir polígonos em um programa de geometria dinâmica.

Nos passos a seguir, mostraremos como construir um quadrilátero.

### Passo 1

Com o *mouse*, clique no ícone.

### Passo 2

Para construir um quadrilátero, clique em quatro locais diferentes na malha quadriculada. Depois, ainda na malha quadriculada, clique no mesmo lugar que você clicou inicialmente.

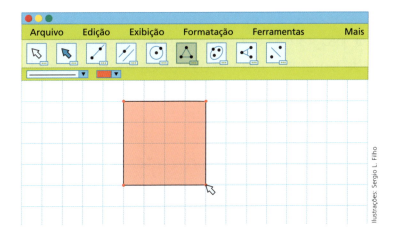

## Ângulos

Após construir um polígono, é possível observar as medidas de alguns ângulos que o constituem. Aproveitando o quadrilátero que construímos anteriormente, vamos observar alguns desses ângulos. Veja os procedimentos na próxima página.

### Passo 1

Com o *mouse*, clique no ícone ![icon].

### Passo 2

Clique no quadrilátero para que alguns ângulos sejam indicados. No caso desse polígono, os ângulos que aparecem são retos, ou seja, medem 90°.

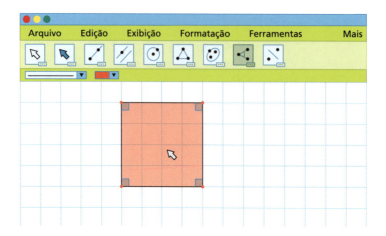

## Simétrica de uma figura

Nesse mesmo programa, é possível construir a simétrica de uma figura em relação a um eixo de simetria. Observe os passos a seguir para fazer essa construção.

### Passo 1

Com o *mouse*, clique no ícone ![icon]. Depois, clique em dois locais diferentes na malha quadriculada para construir uma reta. Ela será o eixo de simetria.

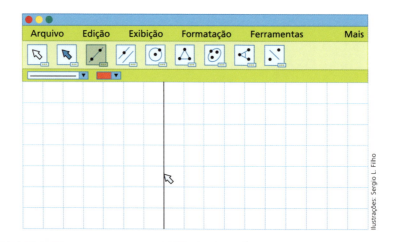

Ilustrações: Sergio L. Filho

## Passo 2

Com o ícone ▲, construa um polígono à esquerda do eixo de simetria.

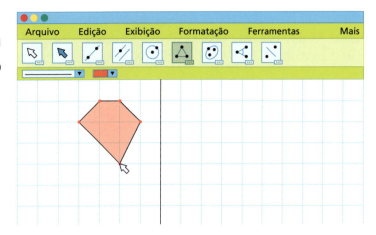

## Passo 3

Clique no ícone. Em seguida, clique no polígono e, depois, no eixo. Uma figura simétrica ao polígono aparecerá no lado direito desse eixo.

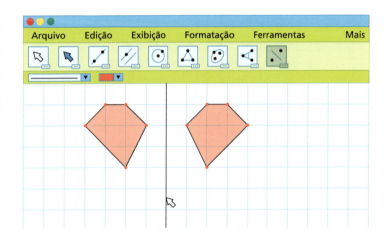

# Retas perpendiculares

Vimos, na **unidade 10**, que duas retas concorrentes são chamadas perpendiculares quando formam um ângulo reto ao se cruzarem. Observe como construir retas perpendiculares.

Construa uma reta usando o ícone. Clique no ícone e, em seguida, clique na malha quadriculada em um local que não seja a reta. Depois, clique na reta inicial para formar uma reta perpendicular.

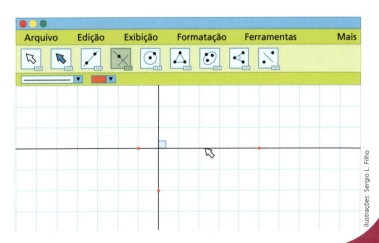

# Bibliografia

BICUDO, Maria Aparecida Viggiani (Org.). *Educação Matemática*. 2. ed. São Paulo: Centauro, 2011.

BOYER, Carl Benjamin. *História da Matemática*. Tradução de Elza F. Gomide. São Paulo: Edgard Blücher, 2010.

BRASIL. Ministério da Educação. *Base Nacional Comum Curricular*. Proposta preliminar. Terceira versão revista. Brasília: MEC, 2017. Disponível em: <http://basenacionalcomum.mec.gov.br>. Acesso em: 10 out. 2017.

_____. Ministério da Educação. *Diretrizes Curriculares Nacionais Gerais da Educação Básica*. Brasília: MEC/SEB/Dicei, 2013.

_____. Ministério da Educação. Secretaria de Educação Básica. *Guia de Tecnologias Educacionais*: da Educação Integral e Integrada e da Articulação da Escola com seu Território. Brasília: MEC/SEB, 2013.

CARVALHO, Dione Lucchesi de. *Metodologia do ensino da Matemática*. 3. ed. São Paulo: Cortez, 2009 (Coleção Magistério 2º grau).

COLL, César et al. *O construtivismo na sala de aula*. Tradução de Cláudia Sclilling. 6. ed. São Paulo: Ática, 2006.

DANTE, Luiz Roberto. *Formulação e resolução de problemas de Matemática*: teoria e prática. São Paulo: Ática, 2009.

DIAS, Marisa da Silva; MORETTI, Vanessa Dias. *Números e operações*: elementos lógico-históricos para atividade de ensino. Curitiba: Ibpex, 2001 (Série Matemática em Sala de Aula).

Educação Matemática e Tecnologia Informática. Disponível em: <www2.mat.ufrgs.br/edumatec>. Acesso em: 22 dez. 2017.

EVES, Howard. *Introdução à história da Matemática*. Tradução de Hygino H. Domingues. Campinas: Unicamp, 2004.

FAZENDA, Ivani Catarina Arantes et al. Avaliação e interdisciplinaridade. *Revista Interdisciplinaridade*, São Paulo, v. 1, n. 0, out. 2010. Disponível em: <http://www.pucsp.br/gepi/revista_interdisciplinaridade.html>. Acesso em: 22 dez. 2017.

_____. *Integração e interdisciplinaridade no ensino brasileiro*: efetividade ou ideologia. São Paulo: Loyola, 2011.

_____. *Interdisciplinaridade*: história, teoria e pesquisa. Campinas: Papirus, 2012 (Coleção Magistério: Formação e Trabalho Pedagógico).

LUCKESI, Cipriano Carlos. *Avaliação da aprendizagem escolar*: estudos e proposições. 18. ed. São Paulo: Cortez, 2006.

MACHADO, Nílson José. *Epistemologia e didática*: as concepções de conhecimento e inteligência e a prática docente. 5. ed. São Paulo: Cortez, 2003.

MOURA, Dácio G.; BARBOSA, Eduardo F. *Trabalhando com projetos*: planejamento e gestão de projetos educacionais. Petrópolis: Vozes, 2011.

SUTHERLAND, Rosamund. *Ensino eficaz de Matemática*. Porto Alegre: Artmed, 2009.

TEBEROSKY, Ana; TOLCHINSKY, Liliana. *Além da alfabetização*: a aprendizagem fonológica, ortográfica, textual e matemática. São Paulo: Ática, 2008.

TORRES, Juan Diego Sánchez. *Jogos de Matemática e de raciocínio lógico*. Tradução de Guilherme Summa. Petrópolis: Vozes, 2012.

# MATERIAL PARA RECORTE

## Referente à unidade 3 Página 58

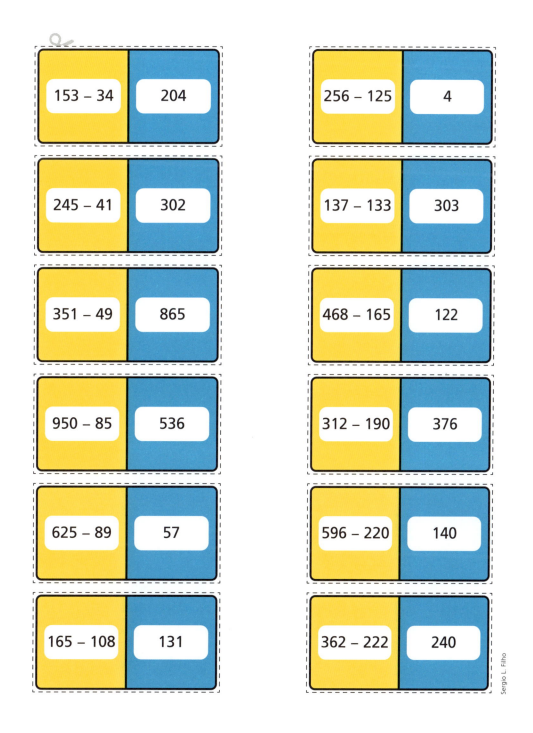

# Referente à unidade 3 Página 58

 RECORTE

| 490 – 250 | 690 |
| 948 – 258 | 238 |
| 500 – 262 | 590 |
| 865 – 275 | 480 |
| 780 – 300 | 225 |
| 630 – 405 | 310 |

| 752 – 442 | 410 |
| 890 – 480 | 298 |
| 807 – 509 | 209 |
| 734 – 525 | 444 |
| 999 – 555 | 62 |
| 641 – 579 | 119 |

Sergio L. Filho

Duzentos e quarenta e três **243**

**Referente à unidade 6 Página 109**

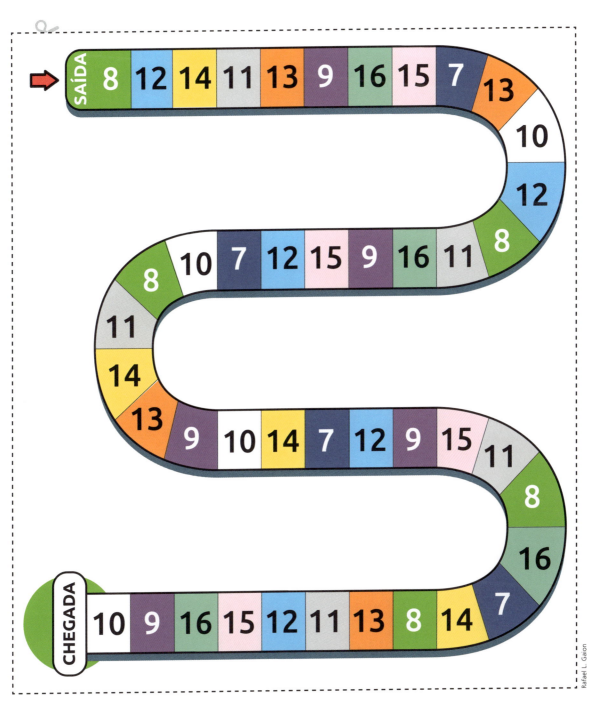

# Referente à unidade 6 Página 109

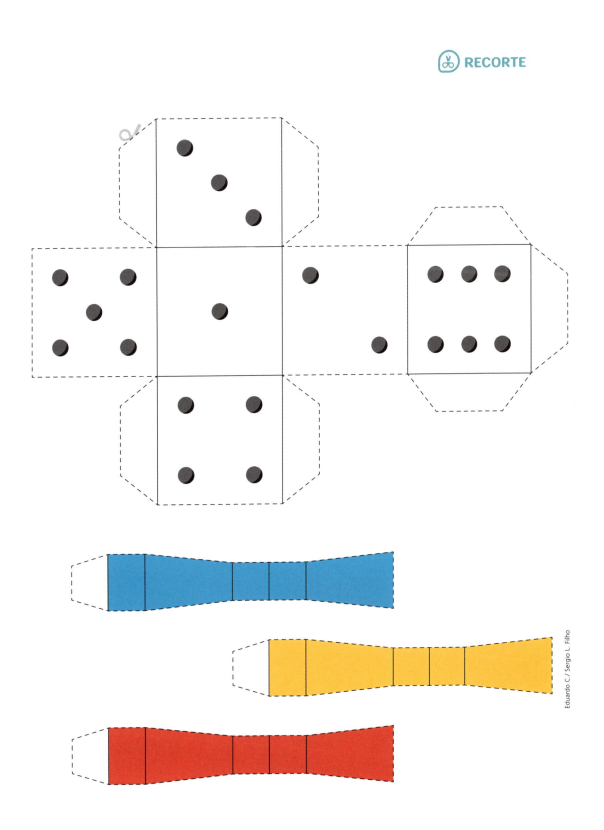

# Referente à unidade 9 Página 171

 RECORTE

# Referente à unidade 12 Página 224

RECORTE

# Referente à unidade 12 Página 224

# Referente à unidade 12 **Página 231**

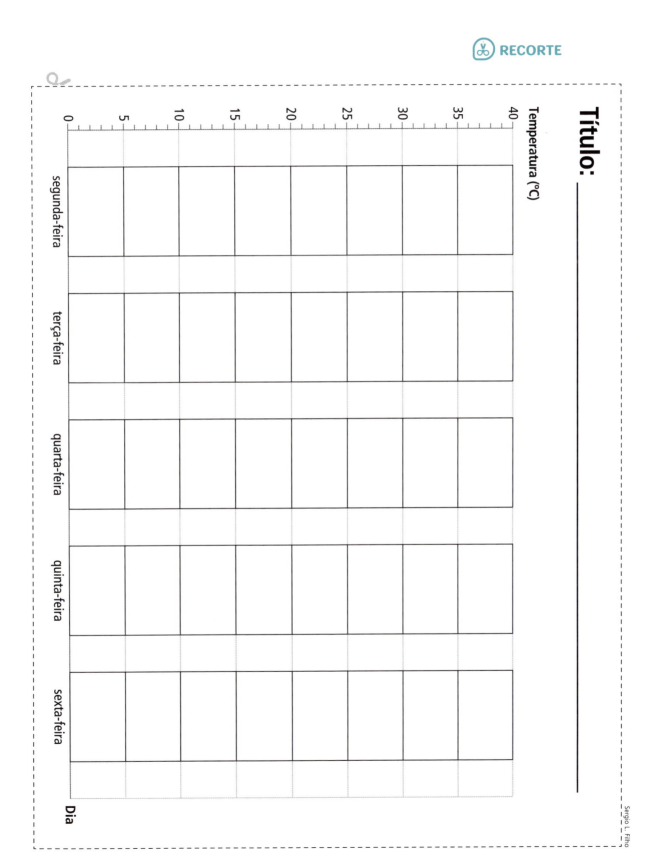